S Y N C H R O N I C I T Y

シンクロニシティ「意味ある偶然」のパワー

秋山眞人
MAKOTO AKIYAMA
布施泰和
YASUKAZU FUSE

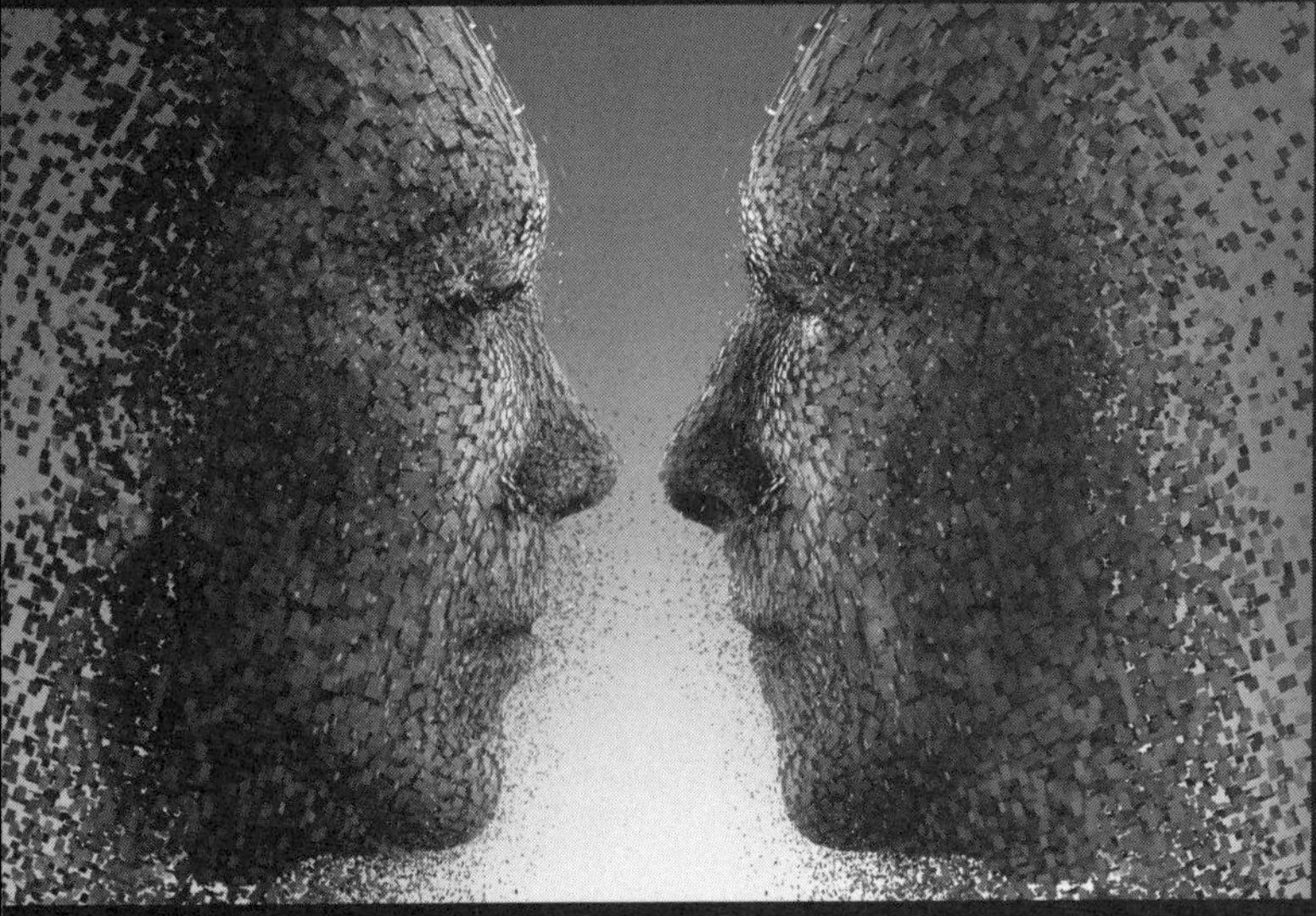

はじめに

シンクロニシティとの接近遭遇

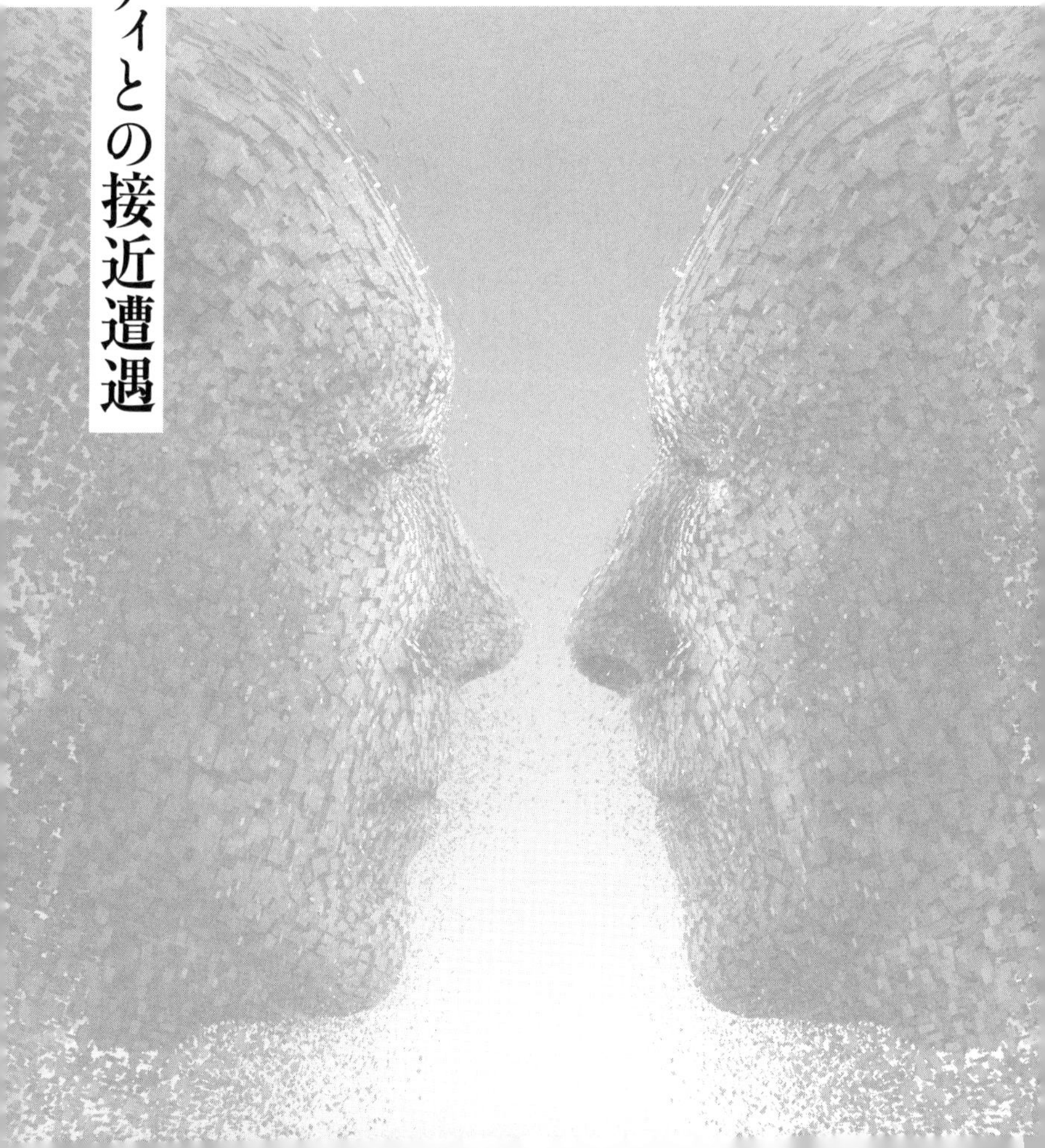

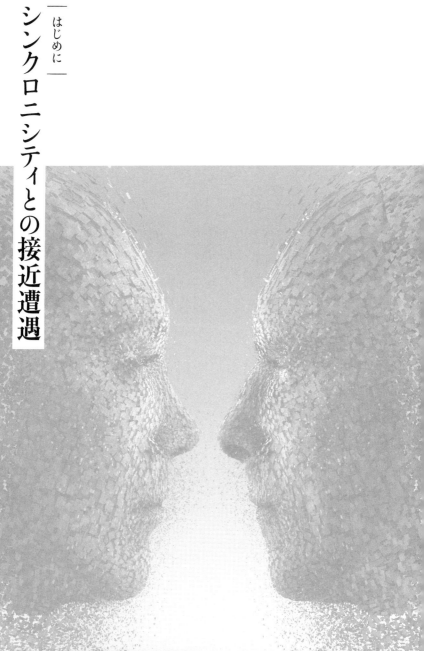

目に見えない不思議なパワーを見る

我が家では、小説『ハリーポッター』シリーズに出てくる恐怖の魔法使い「ヴォルデモート」のように、できれば名を口に出したくない昆虫がいる。そのため家人と私は、この昆虫の侵入を許さないように日ごろから細心の注意を払っている。生ごみは処理機で破砕・乾燥させるし、食べかすがあれば、必ず蓋《ふた》つきで密閉できるゴミ箱に捨てる。その成果あって、この八年間で家の中でこの昆虫を目撃したのは一度だけだった。

ところが、である。ある日、この本の執筆中の私に向かって、すぐ隣でネットを使って記事のサーフィンをしていた家人が「北海道には×××（その昆虫の名）がいないから、虫かごに入れて北海道の人に見せると、顔を近づけたり匂いを嗅いだりする人もいるんですって」と、その不吉な昆虫の名前を口に出したのだった。もちろん名を出すのは完全なタブーではない。このときも、数あるニュースのうちの話題の一つくらいにしか、家人も私も思わなかった。

面白いのはここからだ。その記事を読んだ後、家人は五分もしないうちに、階下に飲み物を取りに降りて行った。その次の瞬間、「ぎゃー！」という声がその階下の台所の辺りから聞こえたのだ。何と約五年ぶりに、その昆虫の姿を目撃したからである。実にこの八年間で二度目となる稀有な目撃だ。たった五分前に何気なく話題にしたばかりの昆虫が、目の前に現れるとはどういうことであろうか。しかも私が、シンクロニシティ現象の原稿を書いている最中《さなか》に！「噂をすれば影がさす」ということわざがあるように、偶然に名前を出した当人がすぐに現れるということは、皆が経験していることだ。これを単なる偶然として片づけることもできるだろう。だが、こうした偶然があまりにも頻繁に起こるのは、そこに何か法則があるからだとは言えないだろうか。

私自身、ありえない出合いや出会いは何度も経験してきた。おそらく読者の方々も同じなのではないか。山梨県でたまたま一回だけ出会った人と、その約一年後に私の実家がある東京都内の小さな商店街の道端でばったりと出くわしたことがあった。観光客があまり行かないスコットランドの片田舎の巨石遺構で出会った初老の英国人紳士と翌日、港町で思いがけない再会を果たしたかと思えば、ギリシャ・スニオン岬のポセイドンの神殿跡行きのバス停で初めて出会ったイスラエル人旅行者と翌日、まったく偶然に、アテネ市内の街角で鉢合わせしたこともある。岐阜県恵那市の鍋山にあるメンヒルの場所を尋ねるためにたまたま訪ねた民家は、当時私が勤めていた出版社の別の雑誌に、まさにその日、その人の記事が掲載されたばかりの陶芸家の家だった。

ふと買ったばかりの地下鉄の切符の番号を見ると自宅の電話番号と同じだったり、大勢が集まる集会の隣に居合わせた人が自分と同じ誕生日だったりすることもある。有名なのは、阪神淡路大震災で周囲が壊滅的な被害を受けたにもかかわらず、奇跡的に小さな被害で済んだ一軒の喫茶店の話だ。その店の名は「5時45分」。大震災の発生時刻は一分違いの「5時46分」だった。何げなく付けた店の名が、もしあと一分遅いものだったらどうなっていたであろうか。

このように、完璧なタイミングで起こる出合いや出会い、出来事は偶然ではありえない。この宇宙には何か法則があって、起こるべくして起こるのである。それらは多くの場合、本人にしかわからない意味を含みながら、まさに絶妙なタイミングで、しかも象徴的に起こる。つまり、私たちがまだ理解していない「目に見えない不思議な力」が、私たち一人一人に対する明確なメッセージとして、重要な〝偶然の出来事〟を私たちにもたらしている――それがシンクロニシティ現象であるように思われる。

だが、それだけではない。このシンクロニシティ現象は、時空を超越して発生する。本書で詳しく説明するが、現在の出来事が、未来や過去の出来事と〝共鳴〟のような現象を引き起こして響き合うのだ。昔から伝えられているデジャヴ（それまでに一度も経験したことがないのに、かつて経験したことがあるように感ずること。既視感とも言う）現象は、おそらく現在と過去、現在と未来の間で起こるシンクロニシティ現象の一つであろう。

シンクロニシティはまた、超常現象とも密接に関連している。というのも、シンクロニシティはありえない確率の事象が集中的に起こる現象でもあるからだ。この現象を追っていくと、ある瞬間にＵＦＯが乱舞し、幽霊が飛び交うような、通常の生活の中ではありえない事象に出くわすのである。その超常現象とシンクロニシティの関係については、本書の後半部分で取り上げる。

こうした現象が実在することを認めたくないという人もいるかもしれない。確かに、認めなくとも、日々の生活は回っていくだろう。だが、シンクロニシティ現象を知れば、生活はよりスムーズに、そして何よりも楽しく豊かになる。本書で明らかにするが、超常的な現象は自分には起こるわけはないという否定から入ると、起こらないし、起こっても気がつかないものなのだ。

凝り固まった考えから自由になれば、シンクロニシティ現象が普段から周囲でたくさん起こっていることがわかるだろう。なぜなら共感すると、シンクロニシティ現象はさらに増幅して現れるからだ。

シンクロニシティは、好奇心をそそられる、神秘的な現象である。しかも、それに気づくかどうかで、私たちの人生の意味がガラリと変わり、人生そのものが百八十度転換するようなきっかけとなる極めて重大な現象であるように思われる。

だからこそ、この分野の第一人者である国際気能法研究所の秋山眞人《まこと》氏とともに、是非とも本書が取り上げるこの不思議な神秘の世界に足を踏み入れてほしい。そしてこの現象を理解して、大いに活用してほしいと願っている。

二〇一六年十二月　　布施泰和

第2章 シンクロニシティを起こす方法

第3章 シンクロニシティ「秘密の法則」

第4章 シンクロニシティの読み方・解き方

第5章　人類の集合無意識とシンクロニシティ

第6章　メカニズムがわかれば、世界が変わる

装幀―フロッグキングスタジオ
カバー写真―ゲッティイメージズ
本文写真―ウィキコモンズ
本文DTP・図版制作―ホープカンパニー

第1章

知られざるシンクロニシティの正体

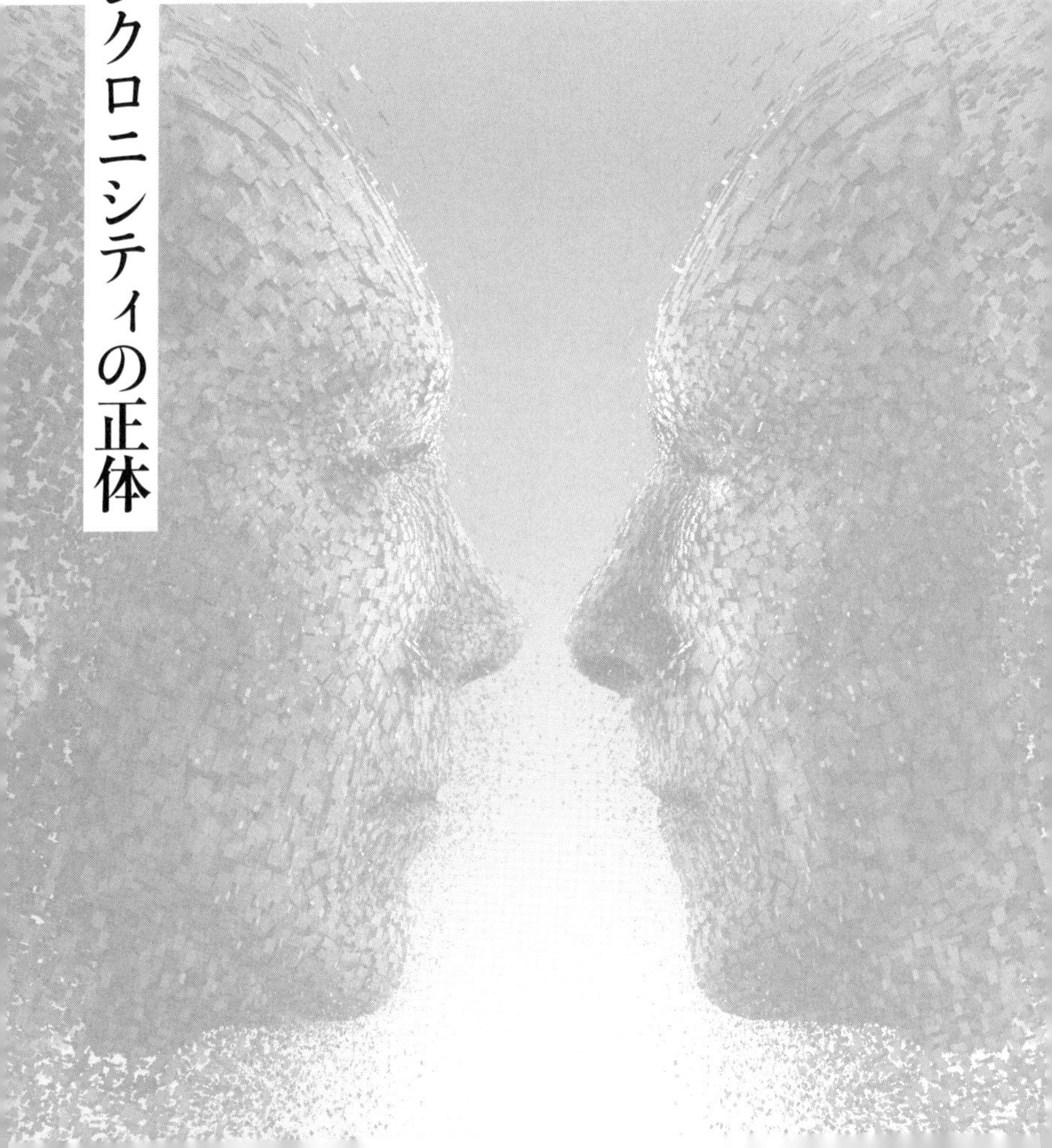

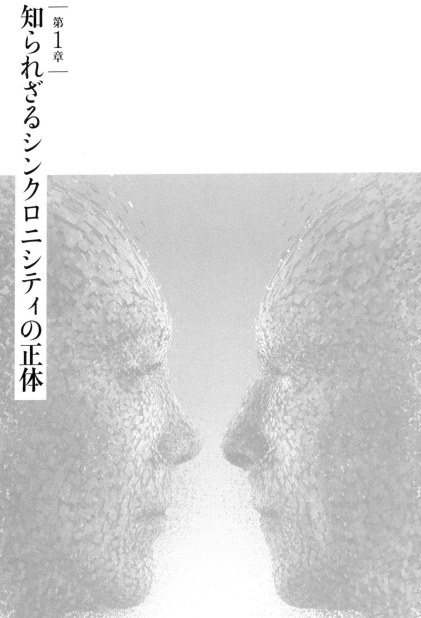

次々と溢れ出すシンクロニシティ

ふと現れる「偶然」で、人生は激変する。

痛快な少年小説『トム・ソーヤの冒険』の著者として知られるマーク・トウェインは、印刷工の見習いだった少年時代に、風に舞って飛ばされてきた一枚の紙切れを拾った。それは、ジャンヌ・ダルクの物語の一部だった。そこには処刑される前のジャンヌ・ダルクの話が記されていた。物語は本当の話なのか、彼女はどんな生涯を送ったのか、それ以来マーク・トウェイン少年はジャンヌ・ダルクの人生に魅了されていく。そして、これをきっかけにして、彼は小説家の道に進むことになったのだ。

多分に誇張されたエピソードかもしれない。だが、実際に彼は六十一歳のときに『ジャンヌ・ダルクの個人的回想』を出版、「この本を書くことが子供のころからの夢であり、自分の最高傑作だ」と公言してはばからなかった。

後にアメリカ大統領となる若きエイブラハム・リンカーンはある日、古新聞や古雑誌が詰まった樽を買ってくれという、見知らぬ男の訪問を受けた。リンカーンは、「お金に困っているので、一ドルでいいから買ってくれ」というその男が気の毒になり、樽を購入した。ところが後で樽の中を調べると、ウィリアム・ブラックストンという十八世紀の著名なイギリス法学者の大著『イギリス法釈義』がほぼ全巻入っていた。それを読んだリンカーンは法律の道を歩むことになり、政治家になるきっかけとなったという。

気まぐれな風によって足元に落ちてきた紙片、思いがけない人物の訪問によってもたらされた本――それらは絶好のタイミングで目の前に現れ、その人の人生を導いていく。

かく言う私も中学生のときに、朝日新聞「天声人語」のコラムニスト荒垣秀雄の文章を読んで、新聞記者になろうと心に決めた。そのことを共同通信社の採用面接で話したら、それが決め手となったかどうかは定かではないが、採用された経験がある。

実は、これらこそが「最も基本的なシンクロニシティ現象」なのである。どんぴしゃりのタイミングで、何となく一冊の本が気になって読むとそこに自分が求めていた問題の答えが書かれているとか、欲しいと思っていた重要な品物が思いがけず手に入るとか、たまたま一本早い電車に乗ったら大切な人にめぐり会うといった、心に響くような偶然の出会いや出合いがある。そしてそれが、入試、就職、結婚といった節目で起こり、人生が大きく変わっていく。

もちろん、もっと小さなシンクロニシティもある。私の中学時代の友人は、街を歩いていると、ふと床屋の看板に掲げられた「Barber《バーバー》」という文字が気になって、そのスペルを覚えたら、二、三日後の英語のテストに床屋のスペルを書けという問題が出たと喜んでいた。夢で見た箇所が期末テストに出たというヤマ勘好きの友人もいた。ある先生の悪口を言っていたらその先生が通りかかったり、たまたま足を運んだ店で古い友人とばったり再会したり、あるいは偶然手に入ったチケットで入館した博物館で長年気になっていた疑問が解けたりする偶然の一致などざらにある。

偶然と偶然が重なり、偶然が意味のある偶然の一致を呼び込む。つまり常日頃《つねひごろ》の生活から人生の重大な岐路に至るまで、この世界はシンクロニシティで満ちているのだ。

単なる偶然と決めつけると機会を逃す

しかし、そのようにシンクロニシティに満ちているこの世界にもかかわらず、そのすべてに気がつく人はほとんどいない。多くの場合、単なる偶然と決めつけてしまうからだ。「偶然なのだから意味なんてないさ」——と。

たとえばマーク・トウェインは、風に飛ばされて足元に落ちた紙片に見向きもしなかったかもしれない。仮に紙片を拾ったとしても、そこに意味がないと思えば、一生印刷工で終わっていた可能性もある。しかしながら彼は、その紙切れに書かれた内容に、人生を懸ける価値と意味を見出した。エイブラハム・リンカーンも、樽の中に見つけた法律書に興味を持たなければ、大統領になることもなかっただろう。私の友人も床屋が気にならなければ、英語のスペルを間違え、進級試験で一点足りずに落第したかもしれない。

変なたとえかもしれないが、シンクロニシティは道端に落ちている百円玉のようなものだ。

しかも普段から百個ぐらい落ちている百円玉だ。ひたすら仕事に追われて日常に忙殺されている人や、心ここにあらずで、悔いるばかりで過去に囚《とら》われている人、それに将来の心配ばかりしている人にとっては、いま自分の目の前に落ちている百円玉に気がつく余裕はないし、事実気づくこともない。もちろんそのような人でも、百個あるうちの一個ぐらいは見つけるかもしれない。だが、あとの九十九個は見逃してしまうのだ。

逆に、意識を今の自分に向けて、百円玉が落ちていると確信して探したらどうなるだろうか。そうすると、普段なら一個しか見つけられない人でも、何十個も見つけることができるはずだ。

実はシンクロニシティもこれと同じだ。こうした現象が「ある」と意識して日々の生活を送れば、いくつものシンクロニシティに気がつくことができるわけである。

心理学でも、脳には特定のものごとを意識すると、視覚や聴覚などが集めた情報から、そのものごとに関連する情報を積極的に選んで、ほとんど自動的に認識するという性質があるということがわかっている。一種の「潜在意識活用法」だ。たとえば〝赤〟を何げなく意識して街を歩けば、赤い看板や赤い車、赤い屋根など、町中に存在するあらゆる赤いものが次々に目に飛び込んでくる。色だけでなく、形でも概念でもなんでもいい。ほんの少し意識するだけで、その関連情報が集まってくるわけである。

シンクロニシティも、そういう現象が「ある」ということを認めて、意識下にインプットしておけば、次々と起こっていることに気がつく。それらを単なる偶然だと思ってはいけない。

たまたま手にした本、何げなく入った店、思いがけない出会い、偶然手にした切符やカード……それらすべてには意味があるのである。しかも誰にでもそれは起きる。というのも、それこそがシンクロニシティのなせる業《わざ》にほかならないからだ。

シンクロニシティを知れば、世界は変わる

「運命の歯車」とはよく言ったもので、シンクロニシティはまるで歯車のように、人とモノ、人と人、人と自然、あるいは心と物質の間の溝を、絶妙のタイミングでかみ合わせる。

シンクロニシティはまた、あなたの人生の大事な局面で必ず顔を出す。要は、それがもたらすメッセージを正確にキャッチするかどうかが重要なのだ。それによってあなたが歩む人生は、全く違う道になる。別の言い方をすれば、それに気がつくかどうかで、あなたの人生は天と地ほどの大きな差となる。

些細《ささい》な偶然と思うかもしれない。しかしどんなに些末であろうと、それは、「大きな力を持つ小さな意味のある偶然」である場合が多いのだ。ならば立ち止まり、偶然には意味があることを受け入れ、その意味を考えるべきではないだろうか。なぜならシンクロニシティは、私たちの人生の決断に決定的な影響を与える力を秘めた、人生になくてはならない現象にほかならないからだ。

おそらく注意深く観察すれば、私たちの世界が実はシンクロニシティで成り立っていることに誰もが気づくはずだ。だからこそシンクロニシティを知れば、人生は必ずや、豊かになるのである。

人やモノとの出会いだけではなく、言い間違い、読み誤り、ど忘れといったすべての現象も決して、ただの偶然によって起こるのではない。宇宙は意味で溢《あふ》れており、意味のある偶然の一致がこの世界に普遍的に存在する——。そのことに気づき、それをシンクロニシティと名付けたのが、スイスの心理学者カール・グスタフ・ユングだ。

ユングに関しては近年、リチャード・ノルのような臨床心理学者が「ユング心理学はカルトである」といった強烈なユング批判を展開したことで、心理学会でのユングの評判は地に堕ちた感がある。それでもユングは、近代科学にシンクロニシティという新たな概念をもたらした功労者であることに変わりはない。むしろ彼が書いたシンクロニシティについての考察や著作から浮かび上がるのは、その先見性と驚異的な経験の数々である。それを象徴するかのように、ユングの人生もまた、最後の最後に至るまでシンクロニシティに彩《いろど》られていた。

雷がもたらした「ありえない偶然の一致」

一九六一年六月六日——。ユングは、スイス・チューリッヒ近郊の自宅で病床につき、臨終のときを迎えようとしていた。この日は珍しく天候が大荒れとなり、近くの湖に雷が落ちた。その瞬間に現代心理学の巨星ユングも息を引き取ったのだという。そして家人が驚いたことに、その約二時間後、自宅の庭にあったユング一番のお気に入りのポプラの大木にも落雷があった。大木には、幹のてっぺんから根元まで、大きな疵《きず》が走った。まるでユングの死を待っていたかのように同時に、大木も運命を共にしたわけである。

月日が流れて、イギリスのテレビ局がユングの人生をたどるという番組を作ることになった。ユングの自宅で行われた撮影は順調に進み、いよいよ最後のシーンに取り掛かろうとすると、それまできれいに晴れていた空に急に暗雲が立ち込め、突然雷鳴が轟《とどろ》き、土砂降りの雨が降り始めた。本来なら撮影は中断するところだった。だが撮影スタッフは「そう言えば、ユングが亡くなったときも雷雨となり、庭の大木に落雷があったな」と思い出し、そのまま庭の大木を撮影し続けることにした。ちょうどその瞬間、スタッフの目の前で、まさに、まだ残っていたその大木に雷が落ちたのだ。本物の落雷シーンが撮影できたわけである。

何という偶然だろう。しかも当事者にとっては非常に象徴的で意味があり、ありえないような偶然である。落雷とユングの死との間には、通常なら何ら関係がないように思える。ところが、ユングが生前大事にしていたポプラの巨木に、ユングの死と相前後して落雷が落ちたとなると、関係がないとは言えなくなる。当事者の心の状態と外的な出来事が通常の因果関係を超越して、しかも同時（共時的）に起こったわけだ。まさにシンクロニシティそのものである。

因果律によらない
現象は
絶対に存在する。
私はそれを
シンクロニシティ
と呼ぶ。

カール・グスタフ・ユング

シンクロニシティはこのように、通常ならありえないような確率の出来事を、非常にシンボリックに「意味のある偶然」としてもたらす。ここで注目すべきなのは、シンクロニシティがユングの死と同時に起こっただけでなく、亡くなって数年してから再び起こったことである。それは、「シンクロニシティは時間を超越して発生する」ということを意味している。

同じような〝時差〟のあるシンクロニシティは日本でも起きていた。

読者の中にも、大学受験や高校受験などで合格を祈念して学問の神様・菅原道真《すがわらのみちざね》を祀った天満宮を参拝した人が多いのではないだろうか。菅原道真（八四五～九〇三年）が雷神や天神として祀《まつ》られるようになったのも、この時間を超えたシンクロニシティがあったからだ。

平安時代の延長八年（九三〇年）六月二十六日に平安京・内裏《だいり》の清涼殿《せいりょうでん》に落雷、多数の死傷者が出る事件があった。当時、藤原時平《ふじわらのときひら》（八七一～九〇九年）の陰謀により大宰府に左遷させられ不遇の死を遂げた菅原道真の怨霊《おんりょう》によるものだと信じられ、道真が雷神として崇《あが》められるきっかけとなった清涼殿落雷事件だ。当然、現代の科学的視点に立てば、落雷と菅原道真の間には何ら関係がないように思われる。

だが、この事件は、菅原道真と不思議な因縁で結ばれていた。それが意味のある偶然の一致（シンクロニシティ）として神話化され、後々まで伝承されることになった。というのも、落雷事件により藤原時平の陰謀に関与したとされる藤原清貫《きよつら》が雷に打たれ即死したこと、時平の言いなりとなって道真を都から追放した醍醐天皇（八八五～九三〇年）も、事件を直接目撃したシヨックもあり三カ月後に崩御したこと、そして落雷事件があった日（六月二十六日）が菅原道真の誕生日（六月二十五日）と一日違いで起きていることだ。つまり当事者にとってすれば、落雷事件は紛れもなく意味のある、ありえない偶然の一致となり、それは神話化され、落雷と道真が結びつくことになる。

雷神として神格化された道真は、飛び抜けた学才によって異例の出世を遂げた遺徳を偲《しの》ぶ意味もあり、学問の神様、天神様と慕われるようになったわけである。

重要なのは「タイミング」と「意味」

雷とシンクロニシティがこのように結びつくのはおそらく、雷が落ちることによって、その空間に時間と情報が明確に刻まれるからではないだろうか。当然、当事者の記憶にも深く刻まれるため、通常の夢を見たときのように忘れることがない。私の母が昔、「幽霊」を見たときも、雷と絡んでいた。

母によると、その夜は激しく雨が降っていた。真夜中すぎぐらいであろうか、母は近所に落ちた雷の大きな音で目を覚ました。すると、自分の足元の先にある衣装ダンスの鏡の前に、縁のある帽子を被り、大正時代か明治時代のような古めかしい和服を着て眼鏡をした初老の男性が立っているのが見えた。

その男性は、別に母を見るわけでもなく立っていたのだが、やがて前方へとゆっくりと動き出した。幽霊には足がないとはよく言ったもので、歩くのではなく、映像のままスーッと足を動かさずに移動したのだ。

母は自分の枕元に向かって移動してきた男性をもっとよく見ようとしたが、金縛りにあって動けない。やがてその男性の映像、つまり幽霊は、寝ている母の枕元の右まで来て一瞬止まったかと思うと、その映像のまま何と直角に曲がって壁の向こう側へと消えていったのだという。

夜が明けてその日の午前中、母のところに親戚（男性）の訃報が飛び込んできた。ところが、母が見た男性の幽霊は、まったくその親戚とは似ても似つかない顔立ちをしていたという。母はこうした現象に関しては猜疑心が強いので、夜中に見た映像は雷がもたらした放電現象か何かだと言い張って、幽霊だと認めようとしない。亡くなった親戚とも顔が違うので、亡くなったことを知らせに来たわけでもないと言う。

しかし、シンクロニシティ的に考えれば、同じ顔をしていなくても構わないのだ。その母の親戚が何時に亡くなったのかは定かではないが、おそらく母が幽霊を見たころ亡くなったのであろう。それを知らせる雷が共時的に落ち、その瞬間に母が、親戚が亡くなったという情報を、大正・明治時代の姿の男性の幽霊という形でシンボリックにキャッチしたわけである。

同様な状況で、〝幽霊〟の足を見たケースもある。私の知人の女性は、義母が重病を患い入院、付き添いで毎日のように病院に通うことになった。その女性は当時、働きながら二人の幼児の子育てをしていたので、仕事や家事の合間に病院の義母を見舞っていた。

その日は前日に病院に泊まり込み、午前中にたまった家事をするために買い物をして家に戻ったのだと彼女は言う。そして、一通りの家事を済ませた後、連日の忙しさに加えて心労もあり、昼過ぎごろ、床の上のカーペットの上に倒れるように寝転んで、クッションを枕にして寝てしまったという。二時間ほど爆睡したであろうか、彼女はようやく浅い眠りとなり、ふと目を開けたところ、何と横向きに寝ていた彼女の顔から二〇センチほど離れた場所に足が見えたのだ。

視界に入ったのは、くるぶしの上のところまでの丈の着物を着た、女性の膝から下の素足であった。着物は白色にやや水色が入った無地で、綿でできたような素材であったという。起き上がることも頭を上げて見上げることもせずに、彼女はしばらくその足を観察していたが、「もしかしたら幽霊かもしれない」と怖くなって目をつぶった。再び恐る恐る目を開けたところ、もうその女性の足は消えていたという。

「義母に何かあったのだ！」と直感した彼女は、身じたくを素早く済ませ、病院に行くために玄関を出ようとしたところ、携帯電話が鳴った。義母が危篤になったとの知らせであった。義母は彼女が病院に着くと間もなく、息を引き取ったという。

シンクロニシティ現象はこのように発生する。つまり重要なのは、「タイミング」と「意味」なのだ。それは、ただの偶然ではない。当事者にとって意味のある、しかもありえないような偶然の一致が完璧なタイミングで、かつシンボリックに発生する。シンクロニシティは通常の因果律を超越して起こるのである。

古典的なシンクロ「コガネムシの逸話」

ユングはどのようにして、こうした現象があることに気がついたのだろうか。その背景には、彼が診療した患者の診察内容が、外的な要因と偶然に一致する現象が多々見られたことがあったようだ。

たとえば、ユングはあるとき、森の中にある患者の家に往診に行ったことがあった。その女性の患者は森の中を散策しながら、子供のころに見た夢についてユングに解析してもらおうとしていた。その夢の中では、昔両親と一緒に住んでいた家の階段で、幽霊のようなキツネがしばしば現れたというのである。ちょうどその話を女性がしたとき、二人の前方約百メートルのところに突然キツネが現れた。二人が仰天したのは、言うまでもないだろう。

これと同じような例でコガネムシの話がある。あまりにも有名なので詳細は省くが、簡単に説明すると、スカラベ（コガネムシを象《かたど》った古代エジプト人の装飾品・護符）をもらう夢を見た女性患者がそのことをユングに話していると、窓にスカラベに似たコガネムシが飛んで来た。ユングがそのコガネムシを、理知的過ぎて心を開こうとしないその女性患者の目の前で捕まえて、

「これがあなたの（夢に出た）スカラベですよ」と言いながら手渡したところ女性患者が心を開くようになったという、よく引用されるシンクロニシティのエピソードだ。

スカラベと言えば、古代エジプトでは太陽神ケペリを表し、生成・創造・再生のシンボルとして神聖視されていた。つまり、夢でスカラベをもらった女性は、自分自身の再生が必要なときにシンボルとしてスカラベが夢で登場し、現実でも同時に現れるというシンクロニシティを経験したことになるわけだ。

ユングは長年の体験や臨床例などから、心的状況と何らかの一致をする事象や出来事が、ほぼ同時にシンボリックに起きることがあることに気がついた。しかもそうした出来事や事象は、因果関係によって起きるのではなく、何らかの意味とか心的要因によって引き起こされる。それによって、一種の覚醒あるいは悟りに近い感覚が得られるというのである。

ユングはシンクロを三つに分類していた

どうやら過去から未来へと時間的に発展する因果性のほかに、空間を意味で折り合わせるような共時性がこの世界を動かしているのではないか――そう考えたユングの目の前で、どんどんシンクロニシティが発生するようになり、同時にありえないような偶然の一致に関する情報が集まるようになった。

それらの事例からユングは、シンクロニシティを次の三つに分類した。

シンクロニシティ①　心的な状態と外界での事象の一致
シンクロニシティ②　遠隔視による一致
シンクロニシティ③　予知による一致

①は、既に紹介したスカラベの話を思い出せばいい。心的な要因（＝女性の夢の中の話）と同じ状況（＝スカラベをもらうこと）が時を同じくして（＝ちょうどその話を聞いている時に）、因果関係もなく外界で起こること（＝部屋に入って来たコガネムシを手渡すこと）をユングは第一グループに分類したのである。

②は、離れた場所で実際に起こっている事象と、夢など心的な要因で見たものが一致する場合だ。ユングはその例として、十八世紀のスウェーデンの科学者エマニュエル・スウェデンボルグが見たというストックホルムの火事を挙げている。

スウェデンボルグがある日、スウェーデン西部の都市ゴッデンバーグの友人宅で昼食をとっていると、急に意識が薄れだし、意識が肉体から離れたような状態になった。やがて意識がはっきりしてくると、数百キロ離れた生まれ故郷のストックホルムの町が見えてきた。

だが、その町は火に包まれ、人々は逃げ惑っていた。火はやがて収まり、彼の家の三軒手前で止まったというのだ。スウェデンボルグがそのことを友人に話しても誰も相手にしなかった。それから数日経って、ゴッデンバーグにストックホルムで火事があったというニュースがもたらされた。それによると、ちょうどスウェデンボルグが火事の映像を見ていたときに、実際にストックホルムは火に包まれていた。そして町の多くを焼き払ったものの、火はスウェデンボルグの家のちょうど三軒手前で止まり、延焼を免れたのだという。

ユングはこれを「遠隔視的なシンクロニシティ」と分類した。つまり観察者の知覚範囲外の遠くで生じたことが観察者の心的な状態と符合するケースで、後からやっと確かめることができる。

晩年のユングと親交のあった南アフリカ出身の作家ローレンス・ヴァン・デル・ポストが半睡状態で見た映像も、遠隔視的なシンクロニシティと言えるだろう。

ヴァン・デル・ポストはユングが亡くなった日、遠くアフリカからの船の旅をしているところであった。彼が船室でうつらうつらしていると、思いがけない映像が見えた。彼は冠雪のそびえたつ山々に囲まれた谷間にいた。すると突然、マッターホルンのような山の頂《いただき》に、太陽の光に照らされてユングが現れたのだ。ユングは彼のほうに手を振って、「そのうちお目にかかりましょう」と言うと、山陰に消え去ったという。

ヴァン・デル・ポストはこの映像を見た後、深い眠りに落ちた。そして翌朝目覚めたとき、ボーイが運んできたニュースによってユングの死を知ったのだという。

このような遠隔視的な能力を発揮する人は少ないので、必ずしも②のグループの例は一般的ではない。だが、私の母が、親戚が亡くなるとほぼ同時に不思議な映像を見たように、太平洋戦争中に戦場で命を落とした息子が夢枕に立って、実家の母親に死んだことを伝えたというようなケースはよく聞く話でもある。

最後の③のグループに分類されたのは、時間的に離れた、まだ起きていない未来の出来事が現在の観察者の心的な状態と符合するケースである。これが「予知によるシンクロニシティ」だ。第5章で紹介するタイタニック号事件を実際に予言したり予知夢を見たりしたケースや、第3章で取り上げる、日露戦争のときに海軍参謀・秋山眞之《さねゆき》が見た「霊夢」がこれに分類される。これもやはり、未来において実際に起こらないと、それを確認することができない。

この③の事例について、ユングは具体的な例を挙げていないが、これから紹介する易《えき》の研究を通じて交友関係にあったドイツの中国学者リヒャルト・ヴィルヘルムが亡くなるときに次のような予知的な体験をしたとユングは書いている。

彼〔引用者注：ヴィルヘルム〕の死の二、三週間前、相当な期間彼から何の知らせもなかったときであるが、私はちょうど寝入ろうとするときに幻像《ヴィジョン》によって目を覚まされた。私のベッドのところに、濃い青い長衣《ガウン》を着て袖の中でうでを組んでいる一人の中国人が立った。彼は私に深くおじぎをした。まるで私に伝えたいことがあるかのようであった。それが何の知らせか私にはわかった。その幻像《ヴィジョン》は異常なまでに鮮やかだった。その男の顔のしわの一本一本を見たばかりでなく、彼の長衣の織物の糸の一本一本まで見えた。

（『ユング自伝2』河合隼雄ほか訳）

森羅万象をシンボルで伝える「源」があった

このシンクロニシティに関するユングの考えを決定づけたのは、実は中国の易経《えききょう》であった。宇宙で起こる現象のすべてに意味があり、空間が意味によって共鳴のような現象を起こすのであれば、今この瞬間に立てた易の卦《け》も明確な意味を持つはずだからである。

易は、古代中国で今から三〇〇〇年以上前に誕生したと言われる占いである。周（紀元前一一〇〇年ころ〜同二五六年）の時代には既に完成し、その後『易経』という書物に著され、今日まで伝えられている。

なぜユングが易に惹《ひ》かれたかは、よくわかる。

ユング心理学では、集合無意識の中には「元型（アーキタイプ）」があると仮定して心理分析をする。「元型」とはすなわち、神話や種族の記憶、そして人類の太古の歴史に深く根差した、人類の集合無意識の中に普遍的にあるとみられる、イメージを生み出す「元《もと》」のようなものだ。元型が心に作用すると、しばしばパターン化された「イメージ」または「像」が認識される。

簡単に言ってしまえば、睡眠中に見る夢のイメージや象徴を生み出す源《みなもと》である。

ユングが「元型」の概念を思いついたきっかけは、一九〇六年ごろ自分が診ていたパラノイア性分裂病患者が「太陽にはペニスがあり、それが風を起こしている」と語ったことであった。そのときは単なる戯言《たわごと》に過ぎないと思われたが、気になったのでそのことを書きとめておいた。その数年後、ユングはその患者が話していたことと同じような内容の話が古代ローマで栄えた「ミトラ信仰」に関する文献の中にあることを見つけたのだ。そこには「太陽の顔から垂れ下がる一本の管が風を巻き起こす」と書かれていた。

太陽と突起物と風のイメージが見事なまでに一致した。つまり、人類全体の潜在意識の中には、何千年、いやもしかしたら何万年もの歳月をかけて刻み込まれた、普遍的なイメージを作り出す「元型」のようなものがあるわけである。

この「元型」が、易の中心概念である八つの卦《け》（乾《けん》、坤《こん》、震《しん》、坎《かん》、艮《ごん》、巽《そん》、離《り》、兌《だ》）と非常によく似ているのだ。八卦は「元型」を八つに分類したとみることもできる。

たとえば、人類の集合無意識の中には、森羅万象をイメージで表現する力を備えた「八つの源」があると仮定しよう。「八つの源」のそれぞれには性質があり、この宇宙に存在するあらゆる形、色、数字などと深く結びついている。つまり、宇宙は大きく分けると八種類のイメージの源で形成されていることになる。その八種類の源が自然界を象徴する天、地、雷、水、山、風、火、沢である。

しかし、自然界を説明するだけであればこれで足りるかもしれないが、いくらなんでもたった八種類のイメージで宇宙のすべてを説明するのは乱暴である。そこで、「八つの源」のすべての組み合わせであれば、8×8で64となり、「六十四の源」で森羅万象を説明することができるのではないかと考えた。それが八卦の組み合わせによって占われる「六十四卦」である。

先ほど紹介したコガネムシ（スカラベ）は、潜在意識の中にある「元型」が、「再生」を促すために古代エジプトの「再生」のシンボルであるスカラベをイメージとして送って来たとユングは見なす。

一方、これを易で解釈すると、コガネムシなどの昆虫や鱗の硬い魚は八卦の「離」が作り出すイメージである。この卦自体は、自然界のシンボルで言うと「火」であり、《熱意》とか《表面を飾る》とかの意味がある。理知の鎧《よろい》で身をかためて心を開こうとしない様子は、スカラベの夢を見た女性患者と呼応する。

ただし易の場合はもっと複雑で、コガネムシの色にも着目する。ユングが実際に捕獲したコガネムシや夢に出てきたスカラベが何色だったかはわからないが、仮に黄金の金属光沢をもつコガネムシだとしたら、金属光沢のイメージを作り出す卦は「沢」で、自然界では「湖」を表す。その意味は《天真爛漫さ》や《コミュニケーション力》である。おそらくそれは女性患者が持つ別の面であろう。

易では、形を先の卦、色を後の卦とすることから「火沢睽《かたくけい》」という卦になり、《対立》を意味する。それはまさに、女性患者の中の対立する二つの性格を暗示するだけでなく、そのときのユングと女性患者の状況を説明した卦であると解釈できる。その状況を明確にすることにより、対立を解くヒントを与えてくれるのが易である。易の詳しい説明と易の卦の出し方、およびその意味についてては、専門書を参考にしていただきたい（秋山眞人著『願望実現のための「シンボル」超活用法』ヒカルランド刊、など）。

「シンクロ」と「易」——西洋と東洋の激突

まるで偶然の積み重ねによって結果が得られる易だが、ユングはその偶然性が実は必然の暗示ではないか、易こそシンクロニシティそのものではないか、と考えるようになった。そこで彼は、『易経』を使って実際に占いの結果が有効なメッセージをもたらすかどうかの実験を試みることにした。一九二〇年代の初めのころのことである。

ユングはひと夏、湖のそばの別荘に滞在し、百年の樹齢を数える梨の木の下で、葦《あし》の束を筮竹《ぜいちく》に見立てて、易による「問い」と「答え」を繰り返した。すると、易の出す「答え」はことごとく、非常に深い洞察のある、意味のある結果となって現れたのだ。このようにしてユングは、易占いによって心と物が響き合うような、非因果律的な事象が存在する手掛かりを得たのである。

葦の束を使って最初に実験した年から二、三年経ったあるとき、易の研究を通じて交友関係にあったヴィルヘルムを家に呼んで易を立てさせた。するとヴィルヘルムは、まったく知らない内容のはずなのに、驚くほど正確に自分の患者の状態や環境を言い当てた。それだけでなく、その患者の未来についてユングが想像もつかないような予測の結果を占い、事実二年後に予測通りの結果になったという。

一九二五年から二六年にかけて、ユングは知人らと三人でアフリカのケニアやウガンダを訪ねる旅を計画した。当時としては大変な困難を伴う、すなわち命懸けの旅になることが予想された。そこで彼は易で占うことにした。その結果得た卦は「風山漸《ふうざんぜん》」。《山の木が日差しを浴びて徐々に育っていく様子》を表した卦で、《緩やかに発展していく》ことを意味していた。この卦を得たユングは、アフリカの旅に出ることを決断する。

易の結果に表れたように、ユングの旅は非常に意義深いものとなった。ケニア・ウガンダの国境にまたがる楯状火山であるエルゴン山の麓に住む住人に、太陽が神なのではなく、太陽が東の空に昇ってくるときの全体験が神的なものであることを学んだ。またある村では、村の踊りに招待され、現地の人に混じって、火の光と怪しげな月光を浴びながら、実際に熱狂して歌い踊るという経験をした。こうしてヨーロッパ文化とは異なる人々の宗教性を実際に体験したことにより、彼は「風山漸」のように、人類に普遍的な宗教性に関する理解をゆっくりと深めていったのである。

自分自身で行った実験と、ヴィルヘルムが立てた卦の現実との符合を踏まえてユングは、この宇宙には因果律に基づかない「共時性の原理」とも呼べる現象があり、その人（質問者）の心的状態、あるいは魂の在り方が易の結果に色濃く反映されることを確信し、シンクロニシティという概念を固めていった。

易の卦は潜在意識からの回答だった

易の結果が当たることに驚き、それをシンクロニシティとして受け入れたのは、ユングやヴィルヘルムだけではない。神学、法学、哲学、薬理学、化学で博士号を持ち、人間の潜在意識活用法に関する多くの著述があるアイルランド出身のアメリカの宗教家ジョセフ・マーフィーもまた、易があまりにも当たるので、易の結果を取り入れた著名人の一人だ。

マーフィーには、『人生に奇跡をおこす　マーフィーの成功法則』などの著作があるが、失敗事例などの経験則をユーモラスにまとめた『マーフィーの法則』とは一切関係がない。むしろ、成功するには潜在意識の活用が不可欠であると説いた。

マーフィーは、易占いがその人自身の「内なる声」を察知するものであり、潜在意識からの回答であるとしたうえで、人生の選択の指針として多くの人に易占いを実施した。彼はそれを『易の秘密（邦題『マーフィー博士の易占い　運命が不思議なほどわかる本』）』という本にまとめた。

それによると、次のようなエピソードが伝えられている。

ある女性が、夫がお腹の痛みを訴えるので非常に心配して医者に行くことを勧めたが、夫は聞く耳を持たず、病院に行こうとしなかった。ある晩、その女性は夫が病院に担ぎ込まれ、医者に「あなたの夫は腹膜炎を起こしています」と告げられる夢を見た。そこで彼女はマーフィーを訪ねて、夫のお腹の痛みについて易を立てたところ、「天水訟《てんすいしょう》」という卦が出た。これは《心の中にある怒りや敵意によって衝突や争いごとが起きる》という意味だが、同時に《冷静になって、経験豊富な年長者にアドバイスをもらえ》という意味でもあった。彼女は早速、言い争うことなく、何とか夫を説得して医者に行かせたところ、夫は腹膜炎を起こす寸前の状態だったという。手遅れになる前に、腹膜炎を治せたわけである。

また、マーフィーの知人が友人から招待を受け、飛行機をチャーターしてラスベガスに遊びに行くことになった。マーフィーの影響もあり日ごろから易に親しんでいたその男性は、ちょっと気になったので、ラスベガスに行くべきかどうか易で占ってみたという。その結果は「雷《らい》沢帰妹《たくきまい》」。これは《未熟な少女が嫁いでいくように、自分が望みもしないのに思いがけない災難が降りかかる》ことを示唆した卦である。

この卦を見た男性はラスベガス行きを断念する。すると、友人らがチャーターした飛行機は帰途、吹雪に巻き込まれ、ネバダ山脈で消息を絶ったのだった。潜在意識からの回答（メッセージ）を正確に解釈したことによって、その男性は命拾いをしたのである。

潜在意識は時空を超越して存在する

易はこのように、潜在意識からの情報を伝える道具とも呼べるものだ。後ほど秋山眞人氏との対談でも出てくるが、心を整えて、先入観を排して易を立てれば、必ず正確な〝偶然の一致〟を引き寄せることができる。

ではなぜ、そのようなことができるのか。どうやら潜在意識には、危険を事前に感知する能力があるのではないか、と考えられる。それを伝えるために、潜在意識はシンクロニシティ現象を意図的に引き起こすのである。

マーフィーはその説明として、次のような例を挙げている。

南カリフォルニアで妻と息子の三人で幸せに暮らしていた若いビジネスマンが、仕事でニューヨークに出張したときのことだ。ある晩、彼は夢を見た。その夢の中で、自分の家が大雨による洪水で崩れ落ち、目の前で妻と子が助けを求めていた。驚いて目が覚めたその男性は、すぐに自宅の妻に電話、直ちに息子を連れて家から出て、近くのホテルに避難するように伝えた。妻は夫の忠告に従い、貴重品だけを持って家を出たところ、その二時間後に自宅は夢で見た通りに洪水で崩壊し、押し流されていったという。

これはユングが三番目の分類として挙げた「予知夢」の例でもある。常に妻や子供のことを大事に思っている男性の潜在意識が、遠く離れた家族に危険が迫っていることを察知して、夢の中でそのことを直接的に伝えたのだと考えられる。シンクロニシティは、未来とも共鳴のような現象を起こすのである。だとすると、潜在意識は空間と時間を超越して、存在することができるのだろうか。

実は未来との共鳴のようなシンクロニシティ現象については、私にも覚えがある。小学校の低学年のころの話で、それは私が初めて意識してシンクロニシティと呼べる現象に遭遇した体験でもあった。

私は当時、電車で通学していたが、その日も授業が終わり、帰宅すべく、たまたま帰り道が一緒だった友達のM君と電車の駅へと歩いていた。校門前に延びる銀杏並木を足早に通り抜け、大通りを左折したときであった。通りの反対側には銀行があり、時計の掲示板が見えた。私はいつもそこで時間を確認して、次の電車の発車時刻に間に合うかどうかチェックするのが習慣になっていた。同時に私はそのとき、理科の宿題か何かのことでM君に何か言いかけていた。

その瞬間である。それまで感じたことのないような奇妙な感覚が私を襲ったのだ。それは、それを私が既に経験したことがある、という不思議な感覚であった。ところが私には過去に一切、そのときと同じような状況を経験したという記憶がない。今までにM君と宿題の話をしたこともなかったのだ。にもかかわらず、「既に経験した」ということを、その感覚は明確に告げていたのだ。

その譬《たと》えようのない奇妙な気持ちを、友達のM君に説明してみたが無駄であった。M君に言わせれば、それは気のせいであり、ただの勘違いか思い違いでしかないわけだ。

ところが、私が感じたその奇妙な気持ちの正体が判明するときがやって来た。おそらくそれから数カ月が経った頃だったように思う。その日も、たまたま帰り道が一緒になったM君と駅に向かっているときに、ちょうど通りの反対側に件《くだん》の銀行が視界に入った。同時に、奇しくもM君とは理科の話をしていた。その瞬間に「これだ！」と私は気づいた。私が数カ月前にM君と理科の宿題の話をして、銀行の時計が見える場所に来たときとほぼ同じ状況が今この瞬間に発生したことがわかったからだ。つまり、二つの出来事が時間を超えて共鳴する現象が起きたのだ、と私は直感したのである。

M君にその話をしても、やはりわかってもらえなかった。M君でなくても、この事実は体験した人にしかわからないものだろう。その後も私は、幾度となく同じような不思議な気持ちを経験した。そのたびに、何カ月後か、何年か後になって、その奇妙な気持ちが生じたときと同じような状況を経験したときに、その過去の出来事を思い出し、現在と未来、現在と過去が共鳴のような現象を起こすことを確信するようになった。こうした私の体験は、何か条件がそろえば、時空間を超えて響き合う現象があり、それを脳あるいは意識が知覚・認識することがあることを教えてくれたのだった。

その条件とは、少なくとも二つ以上の偶然の要素が重なることである。たとえば、「銀行の時計」と「M君と理科の話をする」である。私の経験からは、「銀行」と「時計」だけではこの現象は起こらない。「M君と理科の話をする」だけでもダメだ。銀行と時計があって、しかもM君と理科の話題という二つの要素がたまたまその場にそろわないと、条件を満たさないのである。

デジャヴとは似ていても異なる現象

フランス人はこれと似たような現象を「デジャヴ」と呼んだ。日本語で言うところの既視感、あるいは既知感である。簡単に説明すると、それまでに一度も経験したことがないのに、かつて経験したことがあるように感じること、という意味だ。

しかし、どうしてそのような現象が起きるかには諸説があって、はっきりとはわかっていない。オーストリアの精神科医ジークムント・フロイト（一八五六～一九三九年）は、「デジャヴというのは既に見た夢なのだ」と解釈した。つまり、以前見た夢がふとしたきっかけでよみがえったものだが、夢は無意識のうちに見たものだから意識的には思い出すことができない、というわけだ。あるいは、それを実際には起こっていないはずの出来事に関する記憶を脳が作り上げてしまう「虚偽記憶」の一種ではないかと見る向きもある。

こうした不思議な感覚は文学作品などにもよく描かれる。有名なのは、プルーストの『失われた時を求めて』の第一部「スワン家のほうへ」に出てくる文章だ。一杯の紅茶とマドレーヌの主に嗅覚的な刺激によって、主人公の無意識下にある抑圧された記憶が、まるで追体験しているかのように詳細かつ鮮明に呼び覚まされたと書かれている。この描写があまりにも印象的であるため、ある特定の香りから、それにまつわる過去の記憶が呼び覚まされる心理現象を「プルースト現象」とまで称するようになった。

しかしながら、このデジャヴ的な現象のどれも、私が体験したシンクロニシティ現象を説明してはいない。プルースト現象も、私の体験から言えば、ただ過去の記憶庫からある関連する記憶を取り出したに過ぎない。プルーストがもし、「主人公」が幼少期にマドレーヌを紅茶に浸したときに、不思議な感覚が生じたと書いていれば、それは私の体験と同じである。主人公の体験がプルーストの実体験に根差しているものだとしたら、プルーストはその幼少期の体験を省いてしまったか、完全に忘れ去ってしまったかのどちらかではないだろうか。

これは実際に経験した人でないと、理解するのは難しいかもしれない。だが、過去の記憶庫から思い出すのでもなければ、夢の記憶を思い出すのでもなく、虚偽の記憶を思い出すのでも決してない。なぜなら、私の場合は後から検証できるからだ。既視感とも呼べる不思議な感覚を経験（これを便宜上「一度目の経験」と呼ぶ）した後、数カ月から数年のうちに、その一度目の経験と同じ状況が発生（これを便宜上「二度目の経験」と呼ぶ）したときに、過去に不思議な感覚を得た一度目の経験のことをはっきりと思い出すからだ。

デジャヴというのは
既に見た夢なのだ。
ユングと私は
シンクロ的現象について
激しく論争したものだ。

ジークムント・フロイト

この二度目の経験のときは、デジャヴ現象と同様に過去の出来事を瞬時に思い出しているにすぎない。だが、一度目の経験のときは、思い出すのではなく、未来の自分の思いが入って来る感覚に近い。この時空を超えて共鳴するような現象を経験したことが、私がシンクロニシティ現象に初めて遭遇した瞬間だったのである。

「未来の自分」を確認する作業

こうした不思議な経験を積み重ねたことにより、身に付いた習慣もある。

シンクロニシティ現象である「一度目の経験」は、その後も私が三十代前半になるまではっきりと、しかもかなりの頻度で続いた。私が共同通信社の地方支局の記者をしていた当時、折しも一九八七年五月三日夜、兵庫県西宮市の朝日新聞阪神支局に押し入った男が散弾銃を二発撃ち、同支局の小尻知博記者を殺害、別の記者に重傷を負わせる事件が発生した。朝日新聞阪神支局襲撃事件である。

このような事件は、心理的に多大な影響を私たち記者に与えた。というのも、どこの支局でも起こりえるような事件であったからだ。私が勤務していた支局でも、週に一回は泊まり勤務があった。泊まり勤務のときは、守衛のほかは支局にはだれもいなくなる。必ずしもセキュリティーが万全とは言えない支局に独りで泊まり込むのは、想像以上に不気味で心細くなるものなのだ。

おかしく思われるかもしれないが、そんなときにある種の心の支えになったのが、シンクロニシティ現象であった。当時はけっこう頻繁に「一度目の経験」をしていたので、未来において「二度目の経験」があることはわかっていた。つまり未来に自分が存在することがシンクロニシティ現象によって確認できたのである。それは襲撃されて殺されることはないという保証を得ることでもあった。

ところがそのようなシンクロニシティ現象も、本社勤務になり忙しくなると段々と発生しなくなった。自分が忙しすぎて、現象が起こっても気がつかなくなったのか、あるいは一年か二年で担当部署が目まぐるしく変わるので、シンクロニシティ現象が起こる暇もなくなったのかもしれない。いずれにしても、「一度目の経験」は三十代半ばまでにはほとんど起きなくなったのである。現在でも、細々とではあるが、時空を超えて未来と響き合うシンクロニシティ現象は続いている。ふとした時に現れる未来の想念との共鳴とも言える現象は、私の密かな楽しみともなっている。

目の前に現れた「二十五年前の自分」

歴史や記録をたどっていくと、現在の意識が未来とも過去とも共鳴のような現象を起こすことは、私だけが経験していることではないということがわかってくる。

十九世紀のフランスの文豪ギ・ド・モーパッサンは、一八八九年のある夜、部屋の中に入ってきたもう一人の自分に出会った。もう一人の自分は実際に椅子に座って、当時書いていた小説の続きをぺらぺらとしゃべり始め、モーパッサンはそれを書きとめることによって、小説を完成させたというのだ。意識の中で未来の自分と共鳴して、小説を書き上げたのだろうか。

私の体験に近いのが、『ファウスト』で有名なドイツの作家ヨハン・ヴォルフガング・フォン・ゲーテが経験したという不思議な現象だ。ある日、ゲーテは知人の家を訪ねた後、田舎道を馬に乗って進んでいると、向こうから馬に乗ってやってくる不可解な男に出会った。すれ違うときに相手の顔をよく見ると、その男はまるで自分ではないか。ただ違うのは、自分が今まで着たことのないような服装であったことだ。もう一度確かめようと後ろを振り返ると、その男は消えていた。奇怪に思ったが、ゲーテはすぐにそのことを忘れてしまった。

それから八年後、ゲーテは同じ小道を今度は知人宅に向かって馬に乗って進んでいた。ふと見ると、自分が着ている服が八年前に出会った〝自分〟が着ていたものと同じであることに気づき、驚いたという。

このゲーテのケースが、私のデジャヴ的な体験をよく言い表している。ゲーテは最初に、八年後の自分に出会ったのだ。そのときの奇怪な感じは、おそらく私が最初に経験する奇妙な感覚と同じであろう。そして八年後に、そのとき見た自分が今の自分であることに気づく。私が

私はもう一人の
自分に出会った。
その男、いやその自分は
小説の続きをペラペラと
喋った。
私はそれを書きとめた
だけなのだ。

ギ・ド・モーパッサン

二回目の経験で一回目の経験を思い出して確認するのと同じだ。私の場合は、想念を通して未来の自分と共鳴のような現象を経験しているのに対して、ゲーテの場合は、映像を通して同じ現象を体験したのである。ということは、想念や映像を含む意識と深く関係する何かが、未来や過去に向けて、つまり時間を超越して飛び交っている、あるいは時間を超越して瞬時に出現するような現象があることになるわけだ。

農水省で技官を務めた食生態学者で探検家の西丸震哉も、同じような経験をしている。尾瀬湿原の奥にある「岩塔ヶ原」で西丸ら五、六人がある日の夕方キャンプをしていたところ、一人の男が近づいてきた。西丸らはちょうど夕飯の支度をしている最中で談笑していたが、その男は十数メートルほどの近くにまで来ていながら、西丸らの話し声にも知らん顔で、全然見むきもせずにそのままスーッと横を通りすぎて行った。夕暮時に、しかもこのような山の中に一人で来るのはおかしいと思って、西丸がその男を追いかけて大声で呼び止めたが、その男の姿は消えてしまった。

それから二十五年後、西丸は岩塔ヶ原のキャンプ場に再びやって来た。今度、同じ男が出てきたら、正体を暴いてやると思って、その男を待った。近くで遭難した浮かばれない登山者の霊か何かだと西丸は考えたのだ。

二日目の夕方。ふと目を上げると、二十五年前に出会った男と同じ姿格好をした登山者が現れた。西丸はすぐに突進し、その男の進路上に立ちふさがり、両手を広げ、「ちょっと待った、キミ！」と叫んだ。ところが男は、そんな制止には目もくれず、ちょっとうつむき加減で西丸に向かってドンドン近づいてくる。帽子を深く被っているため、顔はまだよくわからない。しゃがんで下からその男の顔を覗き込む。ほとんどぶつかりそうなところで、西丸は危ない！と横っ跳びでその男を避けた。

西丸はその男の顔をはっきりと見た。それは二十五年前の自分であったのだ。右頬には除去する前のホクロもちゃんと付いていた。その〝自分〟は、まるで何事もなかったかのように歩いて視界から消えていった。

ドッペルゲンガーはシンクロの一形態

西丸やゲーテが体験したような現象は、一般的には「ドッペルゲンガー」と呼ばれている。ドイツ語で「二重に出歩く者」という意味だ。自分自身にばったりと出会ったり、自分がここにいるのに別の場所で目撃されてしまったりするという不思議な現象で、これまでに世界中で様々な人がドッペルゲンガー現象を体験していることが報告されている。

有名な例では、十六世紀に即位したイギリスの女王エリザベス一世や、アメリカの大統領エイブラハム・リンカーンのケースだ。二人はそれぞれ死の少し前に、自分のドッペルゲンガーを見たと伝えられている。

ドッペルゲンガーは、自分の姿を自分で目にする幻覚現象だと決めつける向きもあるが、既に説明したように、ドッペルゲンガーは何も自分だけが見るものではない。十九世紀のフランス人でエミリー・サジェという名門校の教師は、十人以上の生徒に自分のドッペルゲンガーを目撃され、その現象は一年以上も続いた。身に覚えのないサジェと学校側は困惑するばかりだ。そしてとうとう、その現象を恐れた生徒の父兄が子供を別の学校に転校させる動きが出てきたことから、優秀な教師であったにもかかわらずサジェは解雇されてしまった。

十九世紀後半のイギリス海軍地中海艦隊司令長官ジョージ・トライオン中将も、ドッペルゲンガーを複数の人に目撃された一人だ。一八九三年六月二十二日、最新鋭の戦艦「ヴィクトリア」を指揮していたトライオン中将は、レバノンのトリポリ沖で演習中、戦艦キャンパーダウン号と衝突した。ヴィクトリア号はあえなく沈没、トライオンを含む三百五十八人が犠牲となった。

ヴィクトリア号がキャンパーダウンと衝突したまさにそのとき、トライオン中将の妻はロンドンの邸宅で大きな社交パーティーを催《もよお》していた。そこへ突然、軍服姿のトライオンが現れ、ゆっくりと階段を下りてくる姿が目撃された。彼は厳《おごそ》かに客間を通り抜け、まるで別れを告げるかのように立ち去り、姿が見えなくなったという。

このような具体例を調べると、ドッペルゲンガーが時空の異なる自分と〝偶然〟に出会うシンクロニシティの一形態であることがわかってくる。ご存じのように因果律は、時間の流れに左右される。何かが起こり、それが原因となって、時間の経過と共にその結果が現れる。これに対してシンクロニシティが示す共時性は、時には時間に逆行する。逆行どころか、意識（想念）や形象（ドッペルゲンガー）は、瞬間的に未来や過去に出現する。

要は意識や無意識にとって、時間の流れは関係ないのだ。意識は過去、現在、未来のあらゆる時間を往来する瞬間移動体のようなものだ。そして、同じ意味や性質をもつもの同士が時空を超えて共鳴するような現象を引き起こし、集まったり、響き合ったりする現象がシンクロニシティなのである。しかもそのメカニズムは、個々人の潜在意識だけでなく、人類の集合無意識においても働く。その人類の集合無意識が絡むシンクロニシティのケースは、非常に大きなテーマであるので、第5章で取り上げることにする。

以上が、シンクロニシティという現象がどういうものであるかということの概略的な説明である。その本質がどのようなものか、おおよそわかっていただけただろうか。

しかし、その現象がどういうものかがわかっても、それだけでは役に立たないし、面白くもない。自分の身の回りに起きているシンクロニシティに気づき、その法則性やメカニズムを理解して、それを活用しなければ、意味がないのである。

ここからは、かつて「スプーン曲げ少年」と呼ばれ、現在もその類稀《たぐいまれ》な能力を駆使して多数の企業のコンサルタントを務めながら、シンクロニシティを含む精神世界の分野で研究、執筆を続けている秋山眞人氏の説明や対談を交えながら、「宇宙の見えざる手」とも言えるシンクロニシティのメカニズムや法則性、そしてその活用法について考えていこうと思う。第2章ではまず、シンクロニシティに気づくための方法やその起こし方について論じていこう。

第2章

シンクロニシティを起こす方法

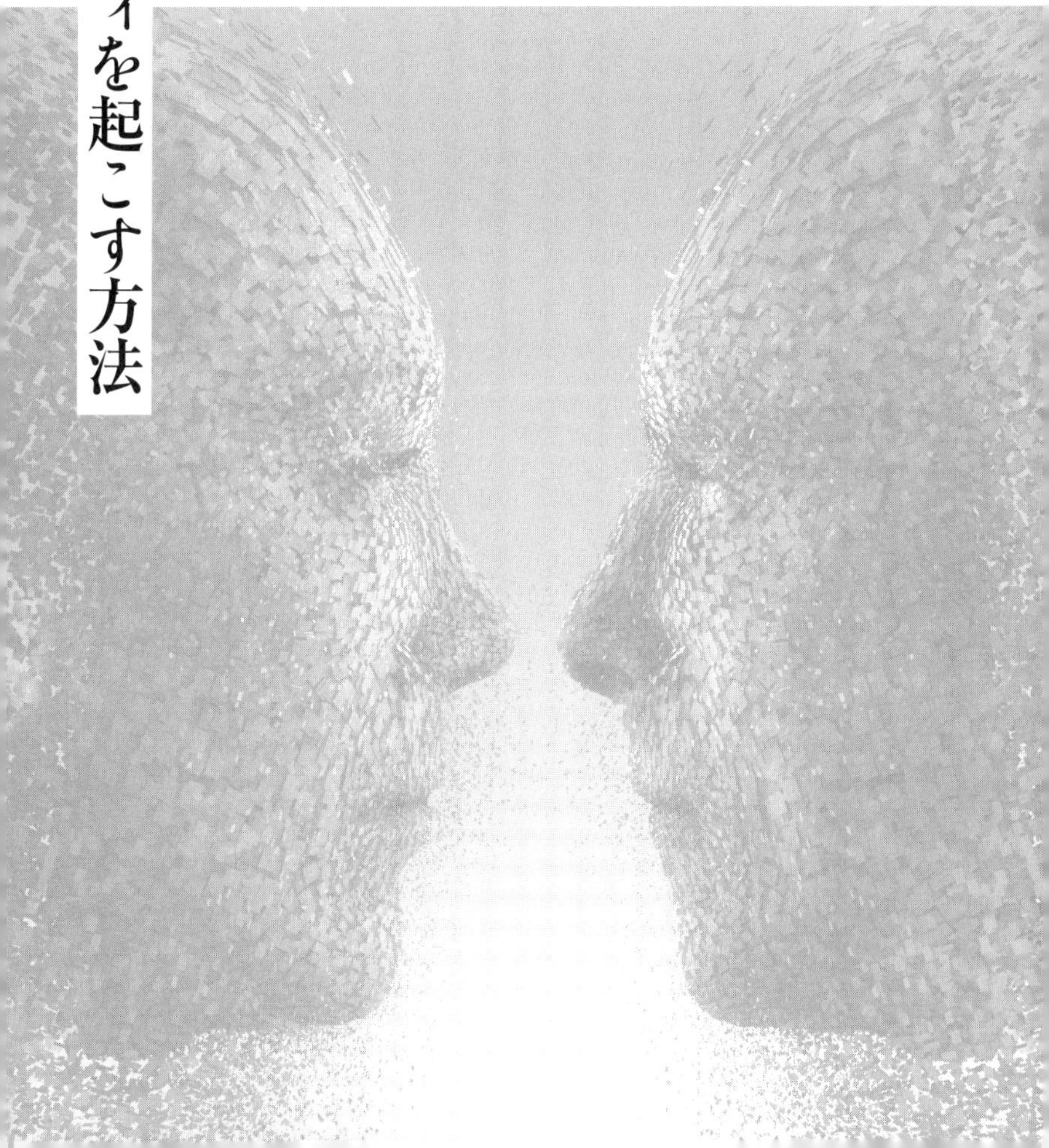

潜在意識と連動して起こるシンクロ現象

シンクロニシティは私たちの意識からの働きかけによって起こる。というのも、この宇宙には真摯な呼びかけに対して宇宙が答えてくれるような法則が働くからだ。つまりその気になれば、誰にでもシンクロニシティが起きて、必要な答えを得ることができる。

たとえば、「電話を掛けたいと思った相手から電話が掛かってくる」というシンクロニシティは、その人に電話を掛けたいという意識からの働きかけが、向こうから電話が掛かってくるという現象を引き起こしている。「一本早い電車に乗ったら会いたいと思った人に出会う」というシンクロニシティも、こちら側の意識からの働きかけがあったから、それに応じる現象が起きるわけだ。「読みたいと思っていた本を、たまたま訪れた友人からもらう」という現象も同じである。

だったら願望はすべて実現するはずではないか、と反論する人もいると思う。その答えはイエスであり、ノーだ。願望に対する意識があまりにも強すぎると、シンクロニシティは起こりづらいという法則のようなものがあるからである。不思議なことに、過度に意識すると、現象は起こらない。たとえば、何がなんでも百円玉を探してやると思って血眼《ちまなこ》になって探すと見つからないという現象が起こるのである。ところが、百円玉はきっと落ちていると淡く思って意

識下に落とし込みながら、何げなくベンチに座って足元を見ると百円玉がある、というように
シンクロニシティは起こる。
それがどうしてなのか。秋山眞人氏に聞いてみた。すると次のような答えが返ってきた。

秋山「何がなんでも百円玉を探してやる！」と考えた途端に、逆にその悲壮感が意識下に刷り込まれ、それによって百円玉が見つからないという悲しい結果が現実化するという現象が起こるからです。

つまり、意識下にある心の状態、この場合は悲壮感が、的確に現象として現れるわけです。それは失敗を恐れるあまり失敗する現象と同じです。「失敗しちゃいけない、失敗しちゃいけない」と否定的に考えすぎて、「失敗するかもしれない」という淡い思いを意識下に流し込んでしまうと、それが現実化します。

秋山氏は、「強く念じるのではなく、淡く思うほうがいい」と言う。おそらく強く念じると、いろいろな執着や雑念が思いに入り込んでしまうからだろう。すると、その執着や雑念が潜在意識に落とし込まれ、それに似た現象を引き寄せる。ところが、淡く思えば、そこに執着や雑念が入り込む余地が少なくなるから、純粋に思ったことが潜在意識に伝わり、その淡い思いを象徴するような現象が起こりやすくなるというわけだ。

実はここにシンクロニシティ現象を究める神髄がある。その人の心の状態、特に潜在意識の状態がそのまま現象として現れるのがシンクロニシティだからである。つまりシンクロニシティを呼び込むのは、「顕在意識の願望」ではなく、「潜在意識の心の状態」であるということなのだ。

「真摯な問い」には「真摯な答え」が返ってくる

この現象を説明するには、スポーツ選手の心理状態を見るのが一番わかりやすい。「勝ちたい、勝ちたい」と顕在意識で強く願望するとどうなるだろうか。あまりにも勝ちにこだわりすぎると、焦ったり緊張したりする。すると思わぬところで勝ち急いでミスが出たり、力んで実力が発揮できなかったりする。そのような経験は、誰にでもあるはずだ。

逆に言うと、「絶対勝つ」という信念や確信を潜在意識にほのかに落とし込むことさえできれば、その信念は現実化する。実はその恰好の例が、二〇一六年夏のリオ・デ・ジャネイロ五輪（リオ五輪）で起きた。

男子卓球団体戦で日本は準決勝まで駒を進めた。対戦相手はドイツである。日本のエース水谷隼《じゅん》選手の相手は、それまで十数試合戦って一回しか勝てなかった強豪であった。その苦手なドイツ選手に勝って、日本は決勝進出を決めた。そのとき水谷選手は勝利者インタビューで、

「絶対に彼に勝てると思ってここに来たので、その気持ちがプレイに表れたのかなと思います。もう優勝しか見てないですね」と語っていた。

私は水谷選手の言葉から、彼の世界では、勝ちたいという願望があるのではなく、優勝という信念しか存在しないのだという思いを受け取った。

すると実際に中国との決勝戦で水谷選手は、今まで一度も勝ったことのなかった中国選手相手に、しかも最終セット7－10でマッチポイントを握られる絶体絶命のピンチから大逆転して勝ったのである。私は、あのときのポイントを一つ一つ、注意深く見ていたが、水谷選手はまさに「ありえない」と私が思うような得点の取り方をした。

もちろん水谷選手の勝利にもかかわらず、日本は優勝を逃した。その意味で水谷選手の潜在意識の心の状態が現実化したとは言えない。おそらく団体戦などの場合、他の選手の潜在意識も絡んでくるので現象も複雑になるのであろう。ただ私には、あの奇跡のような水谷選手個人の逆転劇は、「優勝しかない」という確信の下に水谷選手が命を懸けて挑んだ「真摯な問い」に対する「シンクロニシティの答え」であったように思えたのである。

この水谷選手の奇跡の逆転勝利から学ぶことは多い。その一つは、シンクロニシティでは純粋で真摯な問い掛けがあれば、その問いに対する真摯な答えが返ってくるということである。なぜ真摯である必要があるのか。それは真摯であれば、それだけ潜在意識に深く刻まれることになるからだ。そして真摯であれば、その心の状態が現実にも反映されるからである。この問い掛けについて秋山氏は次のように言う。

秋山　シンクロニシティによって心の状態が的確に現れる現象があるということは、自分の人生に対して真摯に生きているか、責任を持ち真剣に向き合っているかどうかによっても、シンクロニシティは起きたり起きなかったりするということです。「答えがわからないんですけど、その答えはなんですか？」と漠然と聞いても、答えは「あなたは答えがわからない状態にいます」というような中途半端な答えしか、得ることはできません。これはシンクロニシティ現象の本質でもあります。

ところが、「私はこうしたいんだけど、何を選択すればいいか？」と明確な意志を持って心から問えば、それに対する明確なヒントが返ってきます。つまり、人生の岐路に立って、右の道を行くか、左の道を行くかで迷ったとき、「どっちに行ったらいい？」とだけ聞いても、答えは出ません。「私はこれこれこういうことをしたいのだが、左を選択したらどうなるか？」と聞けば、それに対するはっきりとした答えなりアドバイスなりが返ってきます。

反対に、不平不満を口にしながら、何の行動もとらずに流されるように生きている人や、何をしていいか漫然としてわからない人に対しては、シンクロニシティは起きにくく、起きたとしても気づくこともほとんどありません。また、いつも些細なことに腹を立てたり、悩んだり、悔やんだりしていても、意識は常にそちらに向いてしまいますから、目の前に起きているシンクロニシティにも気づかないわけです。

心に不安や恐れがあると、その心の状態が反映された現象が起こります。だから「自分がなりたい状態」をきちんと確信を持ってイメージすることが大事です。心に不安や恐れを抱かずにそれに向かって今、自分がすべきことを迷いなく積極的に行動しているときは、明確なシンクロニシティが非常に起こりやすくなります。

秋山氏の説明をおわかりいただけたであろうか。端的に言えば、シンクロニシティを起こそうと思えば、目的の設定や意図を明確にして、潜在意識に落とし込めばいいのである。では、どうやればいいのか。それを具体的に説明しよう。

イメージ設定のコツがシンクロを多発させる

まずやらなければならないのは、「明確な目的の設定」だ。自分はいったい何をしたいのか、自分がどうありたいか、のイメージを明確にもつことである。水谷選手の場合は「優勝」であった。

第1章で少し触れたが、目的さえ明確に設定すれば、潜在意識が働いて必要な情報や大切な情報を集めることができることが心理学でもわかっている。たとえば、〝赤〟を意識すると、町に出ても赤ばかりが目に入ってくるように、ほとんど無意識のうちに脳が意識したことに関連する情報を収集してくれるという現象が起こる。色だけではない、形やテーマも同様だ。

これによりどうなるかというと、目的を達成するために必要なシンクロニシティが発生しやすくなるのである。たとえば、朝起きて「今日は転職先を見つける」という明確なテーマを設定したとする。そして、それを意識して一日を過ごそうと決める。すると潜在意識がほとんど自動的《オートマティック》に、転職に関する必要な情報を集めてくれるのだ。

新聞に掲載された求人欄が目に入ったり、ふだんは何げなく通りすぎている花屋で求人広告が目に飛び込んできたりといった現象が起きる。また、たまたま出かけた床屋で交わした会話から耳よりの求人情報がもたらされたり、レストランの隣のテーブルから聞こえてきた雑談から転職のヒントを得たりすることも起こる。そして空港の待合室で初めて出会った人が職を紹介してくれたり、極端な例では、劇場の隣にたまたま座った人が雇ってくれたりする。それはまさしく、自分の意識（潜在意識の心の状態）に呼応して出現するシンクロニシティにほかならない。

水谷選手の場合もおそらく、「優勝」するために必要なコーチや仲間との出会いがあり、技術の習得や体力面の向上などの機会がたくさん〝引き寄せ〟られてきたに違いない。必然的に、環境も変化したであろう。多くの強豪と対戦することによって優勝に必要な駆け引きを学ぶチャンスが増えたことも想像に難くない。技術、体力、戦術のすべてにおいて、必要な出合いや出会い、閃《ひらめ》きがあったはずだ。そうでなければ、今まで勝ったことのない相手にいきなり勝つのは不可能だ。

経験値を積んで揺るぎない確信を得る

次に必要なのは揺るぎない自信・確信であろう。その確信を得るためには、自らの努力が必要なのは言うまでもない。水谷選手の場合はそれが練習であった。

理に適《かな》った、集中した練習を積めば、体力的にも技術的にも自信をつけることができるはずだ。すでに「優勝」という目的を明確に設定しているわけだから、それは厳しい練習を耐えぬく動機付けになるだろう。誰もやらなかったような厳しい練習を積んだからこそ生まれる自信や確信は、勝負の世界では勝利の女神を微笑ませる決め手となる。自信に裏付けられた一打は、ネットに当たっても、相手のコートに落ちる。なぜなら、潜在意識に刻まれた心の状態は、秋山氏の説によると、周囲に似たような、シンボリックな現象となって現れるからだ。つまり潜在意識に刻まれた自信は、その「自信」を象徴する現象となって現実化するのだ。

逆に明確な目的を設定したものの、自信や確信がないとどうなるのか。自信がなければ「勝てないかもしれない」という、かすかな不安を伴った意識が芽生える。淡い意識は意識下へと流れ、潜在意識に不安という心の状態が刻まれる。すると、不安を象徴するような出来事がシンクロニシティ現象として起こる。たとえばネットに当たったボールが自分のコート側に落ちて負けたり、野球のピッチャーで言えば、相手のバッターの得意とするコースにボールを投げてホームランを打たれてしまったりするわけである。

だから明確な目的を設定した後は、信じることである。自分の力と直感と判断力を信じて、目的に向かって前進するのだ。それには何よりも、自分を磨くことである。勉強をして知識や知恵を学ぶのでもよいし、世界中を旅して見聞を広めるのもいいではないか。何もしないでじっとしているだけでは自信は生まれない。目的を実現させるために、積極的に行動して、自分の興味があることに楽しんで打ち込む。そうした経験値は自信となり、将来必ず身を助ける。「これだけのことをやったんだから、後は運を天に任せる」くらいの気持ちになれればいいのである。

先入観や執着心を脱ぎ捨てる面白さ

最後に一番重要なのは、自分の先入観を捨て去ることである。実はこれが一番難しい。先入観は、長い年月をかけて積み重ねられてきた考え方の癖のようなものだ。この癖が、潜在意識の底で何層にも積み上げられている。その層が、ある厚みに達したものが固定観念・固着観念だ。これを打ち破るのは、並大抵のことではない。

スポーツで言えば、負け癖である。最初から「どうせ、勝てない」とか「あいつにはかなわない」という諦《あきら》めの気持ちがあれば、それは確実に潜在意識に分厚い層となって沈殿・蓄積し、そのように現実化する。仮に「勝てるかもしれない」という状況になったとしても、それまでの意識下のネガティブな蓄積があるため、「勝てるはずがない」という心の状態が潜在意識に浮上する。すると、その心の状態が現実の世界に反映されて、勝たない方へ勝たない方へと動く現象が現れ始め、結局自滅してしまうのである。

人間は誰もがこの先入観を持っている。これは仕方のないことだ。しかし、それを一つでも多く取り除く努力をすることが大切だ。

読者の中にも「私にはシンクロニシティのような奇跡が起きるはずはない」とか「どうせ私には運命的な出会いなど起こらない」といじけている人はいないだろうか。実は、本当はそのようなことはないのだ。シンクロニシティのような奇跡は誰にでも、いつでも起きるし、運命的な出会いや出合いも毎日のように起きる。

にもかかわらず、「どうせ私にはできない」などと思っていると、そのいじけた心の状態が潜在意識に積もり積もって、いじけなければならない現象が周囲で続くことになってしまうのだ。

ではどうやったら、その癖から脱却できるのか。

その一つの有効な方策が、自分とは全く異なる見方をする人間に会って、耳を傾けることである。考え方の全く違う人の話を真摯に聞けば、自分の持っている先入観や固定観念が揺さぶられる。会ってみれば、嫌な奴だと思い込んでいた人が意外と心優しい人であったことがわかったりするものなのだ。すると、潜在意識に溜まった先入観の分厚い層の皮が一枚取れる。

実を言うと、私がこの本の共著者である秋山氏に会いに行って取材するのも、積もり積もった先入観や固定観念を取り除きたいからである。常識に囚われると、「どうせUFOなど目の錯覚に決まっている」とか「宇宙人なんているはずはない」とか「念力でスプーンなど曲がるはずはない」と思い込みがちだ。

ところが秋山氏主催の「UFO観測会」に参加すると、無数のオーブを目視したり、UFOが出現したり、宇宙人が写真に写ったりする。あるいは、信じられないような偶然の再会や、ドンピシャリのタイミングのポルターガイストの発生など、ありえないようなシンクロニシティ現象が頻発して発生するのだ。すると私の潜在意識の中から「UFOはインチキだ」「シンクロニシティは身勝手な解釈に過ぎない」などという先入観が段々と消失していく。逆に「まあ、そのような世界があってもいいか」という肯定的な思いが潜在意識に刻まれていく。その後、UFOが目の前で出現したり、超常的なシンクロニシティが起こりやすくなったりするという現象が起こるようになるのだ。

実は秋山氏自身も、「考え方がまったく異なる人たちの会合に出席するようにしている」と言う。「オカルトが大嫌いで、まったく信じない人たちの集まりにもよく顔を出します。それで自分の心のバランスを取るんです。いつも同じような考えをする人たちと一緒にいると、考えも現象も偏《かたよ》ります。それこそ、昼間からＵＦＯがバンバン飛び交い、夜は幽霊がいたるところで跋扈《ばっこ》するような世界になってしまいます。たまにそういう世界が出現するのもいいですが、常日頃からそうなってしまっては、飽きてしまうというのが本音です」

固定観念をぶち破る「楽しい確信」

かつて超能力者ユリ・ゲラーが来日し、スプーン曲げが大々的に取り上げられたことがあった。その際、多くの子供たちが親や友人の目の前でスプーン曲げに成功している。大人よりも子供たちのほうが「スプーンのように堅いものは曲がらない」という先入観が少ないからだ。

自分の幼少期を思い出してみてほしい。もう忘れてしまったかもしれないが、実は自分でシンクロニシティのような不思議な現象を起こせるということに気づいていたのではないだろうか。純粋な心を持っている幼少期には、疑うということを知らない。すると、淡く思ったことが実現するような現象が頻繁に周囲で起きたはずだ。

私も奇妙な現象が起きたことを覚えている。小学校の低学年のとき、一回勝負でジャンケンをして、負けた人は勝った人の後に回って列を作るというゲームを大勢でやったことがある。

当然、勝ち続ければその列はどんどん長くなる。

その不思議な現象は、ジャンケンをやる直前に起きた。「相手は何を出すのかな」とぼんやりと対戦相手を見ていたら、その相手の頭の右上方あたりに、雲のようにもやもやとした材質で、「グー」が見えたのである。私はそのとき、とっさに「あっ、グーを出そうと思っている」と判断して、「パー」を出した。案の定、相手は「グー」を出し、私は勝った。その現象はその次も、そのまた次も起きた。

なにしろ、相手が出そうとしているのが何か直前にわかるのである。負けるはずがなかった。そして五回か六回のジャンケンに連続して勝って、私が「優勝」したのである。

ところが、である。私は浮かれて、そのことを信頼できる友人に話した。だが、その友人は「そんなのはただの偶然で、ありえない」と疑って認めない。さらに「それなら僕が何を出すか当てて見ろ」となる。そのとき何回かは勝ったかもしれないが、一回か二回は負けた記憶がある。そうなると「ほら見ろ、やっぱり偶然だ」と言われる。すると私も、「ただの偶然だったのかな」と淡く思うようになる。淡く思えば、それが潜在意識に刻まれ、それを象徴するような現象、つまり相手が何を出すか、わかったりわからなかったりする現象が起きるようになるわけである。

このように、先入観が頭に入り込むと、〝念力〟で曲げられたスプーンも曲がらなくなる。母親から「そんなことができるはずがない」と言われれば、子供心に傷つくだけでなく、「できないかもしれない」という否定的な想念が潜在意識に流れ込み始める。すると、いつしかスプーン曲げも出来なくなるのだ。

では、秋山氏や清田益章氏のように、今でもスプーンを曲げられる大人がいるのはなぜか。その違いは、揺るぎない確信を持ち続けることができたかどうか、ということではないだろうか。一点の曇りもない確信と自信を維持できれば、楽しくてワクワクする気持ちが優先するため、先入観も入り込む余地がなくなるのである。

スポーツ界を支配するシンクロ現象の驚異

このスプーン曲げのようなことが最も頻繁に起こるのが、スポーツの世界だ。たとえばフィギュアスケートで、つい一〇年前までは四回転ジャンプなど滅多にできる技ではなかった。ところが今では、四回転ジャンプでも質の良い難しいジャンプを跳ぶ選手が次々と出てきている。もちろん、単にトレーニング方法の改良によって技術の向上があったからだと説明することもできる。だが、誰かが四回転ジャンプに成功すると、「私にもできるかもしれない」という思いが起こり、それが潜在意識に刻まれるからだとも解釈できる。つまり「四回転ジャンプは難しいので、私には跳べない」という先入観の壁が取り払われるのである。

陸上競技男子一〇〇メートル競走においても長い間、一〇秒の壁があった。人類が九秒台で走るのは、達成困難と考えられていたのである。その思い込みの強さに呼応するかのように、九秒台が出ないという現象が長らく続いた。

その一〇秒の壁を破ったのは、一九六八年のメキシコオリンピック男子一〇〇メートルで優勝したアメリカのジム・ハインズであった。その記録は九秒九五。一九七七年には、キューバのシルビオ・レオナルドがハインズ同様に高地で九秒九八を記録すると、一九八三年にはアメリカのカール・ルイスが平地でも九秒台で走り、以来続々と一〇秒の壁を破る選手が現れた。一九九一年の世界陸上競技選手権大会男子一〇〇メートル決勝では、何と六人の選手が九秒台で走り、そのとき優勝したカール・ルイスの記録は九秒八六と、世界記録を一気に九秒八台にまで縮めたのであった。

別に一〇秒〇〇と九秒九九の間に何か物理的な壁があるわけではない。そこには、半ば固定化された意識が作り出す壁があるだけだ。意識が「壁」という現象を引き起こすのである。

イメージトレーニングはまさしく、この意識の壁を越えるために考えられた。余計な先入観や雑念を捨て去り、成功したイメージを思い描くことで、実際に集中力が高まり、体が動きやすくなるという現象が発生する。つまり、「勝ちたい」と強く願うのではなく、「勝つ」というイメージを潜在意識に流し込み、そのイメージを現実化させるのだ。これはシンクロニシティを起こすということにほかならない。

スポーツの世界で成功するかどうかは、まさに潜在意識にどのようなイメージを落とし込めるかにかかっていることがわかる。

二〇一六年のラグビーワールドカップで、絶対に勝てないと思われていた南アフリカに勝利した日本代表を指揮したエディ・ジョーンズ氏は、おそらくこの法則を最もよく理解していたヘッドコーチであろう。以前の日本代表であれば、「南アフリカに勝てるはずがない」と思っていたに違いない。ジョーンズ氏は、決してそのような先入観を選手たちに持たせなかった。実際に試合に出場する選手たちが「勝てる」と確信しなければ、勝つことはできないからだ。

そこで課されたのは、一切の妥協を許さないハードトレーニングであった。ワールドカップの大舞台での活躍で一躍〝時の人〟となった五郎丸歩《ごろうまるあゆむ》選手は南ア戦の後、「精神的にも肉体的にも、ハードトレーニングを四年間やってきた結果だと思う」と述べた。ウィングで活躍した山田章仁《あきひと》選手も「(練習は)めちゃくちゃにハードでした。人間、ここまで追い詰められるのかと(思うほどでした)」という感想を漏らしていた。そこまで徹底的で、かつ用意周到な練習によって選手を追い込んだからこそ、「自分たちは強い」という信念を作り上げることができたのだ。

卓球の水谷選手は、自らの力でこの先入観の衣を脱ぎ去った。彼は以前、中国の選手は絶対勝てない超人のような相手だと思い込んでいたに違いない。ところがいざリオ五輪の男子単準決勝で対戦してみると、絶対的な世界王者・馬龍選手でも緊張していることに気がついた。完璧な、非の打ち所のない選手だと思っていた先入観の層がここで一枚はがれたはずだ。先入観の層が薄くなれば、それだけ勝つチャンスが増える。男子単準決勝では、水谷選手は健闘及ばず敗れたが、前述のように男子団体決勝で中国選手を破る快挙を成し遂げた。

〝重度〟の先入観が招く「アリ地獄」の罠

それでは逆に、思い込みや、ある考えに固執し過ぎると、どうなるであろうか。分厚い先入観に覆われ、強い固定観念に支配されている場合である。

簡単に結論から言うと、「それ以外のものを起こさなくする」というシンクロニシティを起こす。たとえば、思い込みや仮説に固執し過ぎると、視野が狭くなる。すると、その視野に入るものしか目に入らなくなる。情報もその固定された観念に適うものしか入らなくなり、偏り始める。情報が偏ると、ますます思い込みが激しくなり、ますますその観念が固定化されていく。

ネットの陰謀論や政府のメディア操作・世論操作に嵌《はま》っていくのは、こうした現象が続くからだ。もちろん中には本当の陰謀や真実の報道もあるだろう。だが、ネットが流す情報だけでなく、大きなメディアが報じるニュースもまた、権力者が大衆を操るために操作している場合が多いのだ。固定観念が強い人や、すぐに先入観を持つ人は、簡単に操られる。

だから、ある国を「悪の国」に、ある人を「悪魔」に仕立て上げるのは、簡単だ。ちょっと悪い噂を流し続ければいいのだ。大手メディアを使って、もっともらしい解釈を垂れ流し続ける場合もある。何度も何度もそうした情報に晒《さら》されると、人間は仮にそうでなくても、そうかもしれないと思い込み始める。イラクは持ってもいない大量破壊兵器を保有する「悪の国」になり、サダム・フセインは持ってもいない大量破壊兵器を使おうとする「悪魔」となった。フセイン亡き後、作られた現実と本当の現実の歪《ひず》みによって生まれた「イスラム国」が跋扈する「地獄のような国」が誕生した。

さらに問題なのは、固定観念を強く持っている人は「自分は固定観念を持っていない」という強い固定観念をもっていることだ。だから、「あいつは悪だ」と思い込んだら、何がなんでも悪いのはあいつだ、となる。自分が悪いことをしても、自分は悪くないのである。強い固定観念を持った人がUFOを否定する場合も同じである。UFOを肯定する人間こそ、固定観念を持った人物だと断じるようになる。その断固たる否定の思いは潜在意識に深く刻まれ、UFOが絶対出現しないという現象を引き起こすのである。

この思い込み地獄、固定観念の泥沼から抜け出るには、大変な努力を要する。陥ったら蟻地獄のように這い上がれなくなる。というのも、せっかく異なる意見の相手に会っても、真っ向から否定するばかりで、取りつく島もなくなるからだ。

そうならないためにも、まずは一度自分の考えをリセットして、自分が固定観念を持っていないかどうか、自己診断することから始めることだ。異なる考えの人と出会って、自分の考えと違っていても、頭から否定せずに「ふ〜ん、そのような考え方もあるのか」くらいに思えばいいのである。他人の判断を否定も肯定もしない。ニュートラルに接することを覚えることから始めるべきだ。

信念は自分が作り、固定観念は権威が作る

ここまで読んできて、では、「揺るぎない信念・確信」と「固定観念」はどこが違うのかと疑問に思った読者がいるかもしれない。

確かに一見すると、この揺るぎない信念と固定観念は似ている。どちらにも固い思いや意志があるように見えるからだ。だが、この二つはまったく違うものだ。実はそれに気がついている人は少ない。

その一番大きな違いは、固定観念が他人の価値判断を基準にして生じる場合がほとんどであるのに対して、揺るぎない信念は、実際に自分が経験して身に付いた価値判断を基準にして生まれるものであることだ。価値判断の基準がそもそも違うのである。

具体例を示そう。天動説が一番いい例だ。確かに天体は地球の周りを回っているように見える。しかし、それだけでは固定観念は生まれない。ところが、誰か権威のあるものが天道説を唱えると、たいていの人々はそれをほとんど無抵抗で受け入れ、その説を信じ込み、固定観念

化していく。ローマ法王、首相、御上《おかみ》、学校の先生、誰でもよい。権威ある人物が言ったからという理由で観念は固定していってしまうのだ。

要するに、自分で見て、感じて、調べるのではなく、ネット情報や政府の発表といった「伝言」が判断基準となる場合が多いのである。実は固定観念というのは、誰かが言っていることを本当だと思い込むことにほかならない。誰かが決めた観念を固定してしまっているのだ。

これに対して揺るぎない確信は、たとえば惑星の逆行現象などの天体の運行を自分で観測して、その観測結果を自分で検証して、自分で判断して地動説を確信するといった経緯をたどって初めて生まれる。判断基準が自分の考えなのである。

この二つの決定的に違う姿勢によって、起こる現象も一八〇度違ってくる。

分厚い先入観や〝重度〟の固定観念の場合、固定とか頑固といった想念が潜在意識に流れ込む。すると固定や頑固といった想念がシンボリックに現実化するような現象が現れる。つまり、意地でも超常現象が発生しないという現象が起こるのだ。逆説的に言えば、「シンクロニシティが発生しないというシンクロニシティ」しか起きない。

これに対して、揺るぎない確信が潜在意識に流れ込むと、その確信が現実化するような現象が間断《かんだん》なく出現する。ありえない偶然の出会いや、ドンピシャリのタイミングで必要なものが引き寄せられてくるような現象が起き続ける。

それは、自分の練習や努力によって培われる揺るぎない確信と同じである。確信は自分で養うものであって、他人に養われるものではないのだ。

ラグビー日本代表の選手たちに厳しい練習を課したジョーンズ氏は、そのことも理解していた。彼は二〇一六年のワールドカップの後、イングランド代表チームを指揮して、欧州最強を決める「シックスネーションズ」で十三年ぶりの全勝優勝に導いた。彼が最初にしたことは、負け癖の付いたイングランドの選手の意識を変えることであった。同時に彼は、日本選手に対しても次のようなメッセージを残している。

「(国際レベルの選手になることは)コーチにもらうものではありません。自分自身で達成・実現するもの、自分で掴《つか》むものです」

つまりコーチという他人に委ねてはいけないのだ。自分で努力して掴み取る。それが揺るぎない確信につながるのである。

何かの存在を、権威者がそう言っているからというだけの理由で否定したり、肯定したりするのは愚の骨頂である。それは、そもそも大海を知らない「井の中の蛙《かわず》」が、大海を否定したり肯定したりするようなものだ。長老の蛙が大海を見たことがないからと言って、それを判断基準にするのは間違いだ。

UFOも同様である。UFOの実在を否定するのであれば、少なくともUFOを見たうえで、UFOが存在するかどうかを自分の判断基準で決めればいいのである。UFOを信じないし見たいとも思わないというのであれば、UFOはその人にとって語るべきことではない。

このように、シンクロニシティを起こすには、他人の考え、大多数の考え、権威者の意向を基準にして判断しようとする自分を、心の中から外す作業が必要であることがわかってくる。他人がどう言っているかで決めてはいけないのだ。他人を基準にしていては、揺るぎない信念は生まれない。先入観や偏見が生まれるだけである。

他人の噂を信じて、先入観を持つ。ネットの書き込みを盲信して、怒りを募らす。政府の発表を鵜呑《うの》みにし、自分の生活が苦しくとも、いつかは政府が何とかしてくれると信じ込む――そうした他人の意見を判断基準にした思い込みをなくすことが、何よりも大切なのではないだろうか。

シンクロを呼び込むための三つの作業

秋山氏自身は、どのように先入観の層を外してシンクロニシティを起こしているのだろうか。秋山氏にその極意を聞いてみた。

秋山　オカルトにも唯物主義にも偏らないニュートラルな姿勢でいることが一番大事です。両方とも理解したうえで、それを包み込むようにして純真になる。すると、本当にドンピシャリのタイミングでシンクロニシティが起こるようになります。

もっと技術的なことで言えば、シンクロニシティを起こすには、三つの作業が必要だと思っています。第一に、感情エネルギーの無駄遣いをしないことです。まず心穏やかにします。ただし、穏やかだけど、何となく淡く、あれば面白いよねとか、この空間が面白いよね、というような心の状態にするわけです。

次に、ちょっと淡くイメージします。力を抜いてイメージします。UFOを呼ぶときと同じです。シンクロニシティを起こそうとする空間を緩めます。たとえば、この空間にはテーブルの上に本が積んであります。何もしなければ、本は絶対動きません。このイメージを緩めるんです。この本が積んであることに何も関心がないというくらいに緩めます。緩めた瞬間に、何かとんでもないことが起きます。

三つ目の作業は、すべてを緩めることです。決まりきったということを意識の中から外すことです。たとえば、この本はここが開かれているという決まりきったことすら外します。次のページをめくった瞬間に、印刷ミスで白紙かもしれないではないですか。それでもいいんです。そうでなくてもいい。

とにかく、許すんです。固定、動かない、決まっている、あるいは決まっていないとか、固定している、していないとか、それを全部緩めるんです。固定観念を含む思い込みや先入観のすべてを切り離すんです。そしてただただぽかんと、この辺（自分の前の空間を指さす）に魂を置いておく感じです。それで、何となく力を抜きながら、今日はこの空間でシンクロが起こる、と淡くイメージする。で、ちょっと思ったら、すぐやめるんです。ちょっと思った瞬間にもう、その空間にはその思いが刻まれますから、それ以上は必要ありません。そして始まるときは一気に始まります。

とにかく常識に囚《とら》われないことです。せっかく偶然の一致が起きても、「そんなバカな。意味があるはずがない」と自分の枠にはめて決めつけると、そこで終わってしまいます。頭の中に雑念があって、いつも目先のことに囚われている場合も同じです。「心を亡くす」と書いて「忙」となりますが、ただ忙しく日常を過ごしていては、シンクロニシティを見つけることはできません。

そうではなく、目の前に起きているシンクロニシティに対して、常識に囚われない自由な発想で「何か意味があるはずだ」と意識することが大切です。そうすれば、潜在意識や感覚器官は活性化され、身の回りに起きる些細なことにも気づくようになり、その意味を理解することができるようになります。シンクロニシティは誰にでも起こるのです。

「すべてを許す」「すべてを緩める」——すなわち、すべての可能性を認めることこそが、執着心や先入観を手放すために秋山氏が唱える究極の魔法である。そうすれば、「意味があるはずがない」という先入観が「何か意味があるはずだ」という意識に変わるとも秋山氏は言う。ここに次のステップに至る秘訣がある。シンクロニシティがせっかく起こっても、その意味に気づかなければ、「馬の耳に念仏」になってしまうからだ。実際にその意味を知る方法はいくつかある。だがその前に、シンクロニシティがもつ法則性を把握することが大事だ。シンクロニシティの法則を理解すれば、その意味の解釈もそれだけ容易になるからだ。

次の章では、シンクロニシティがどのように起きて、どのような法則性があるのか、その知られざる秘密を探っていきたい。

第3章

シンクロニシティ「秘密の法則」

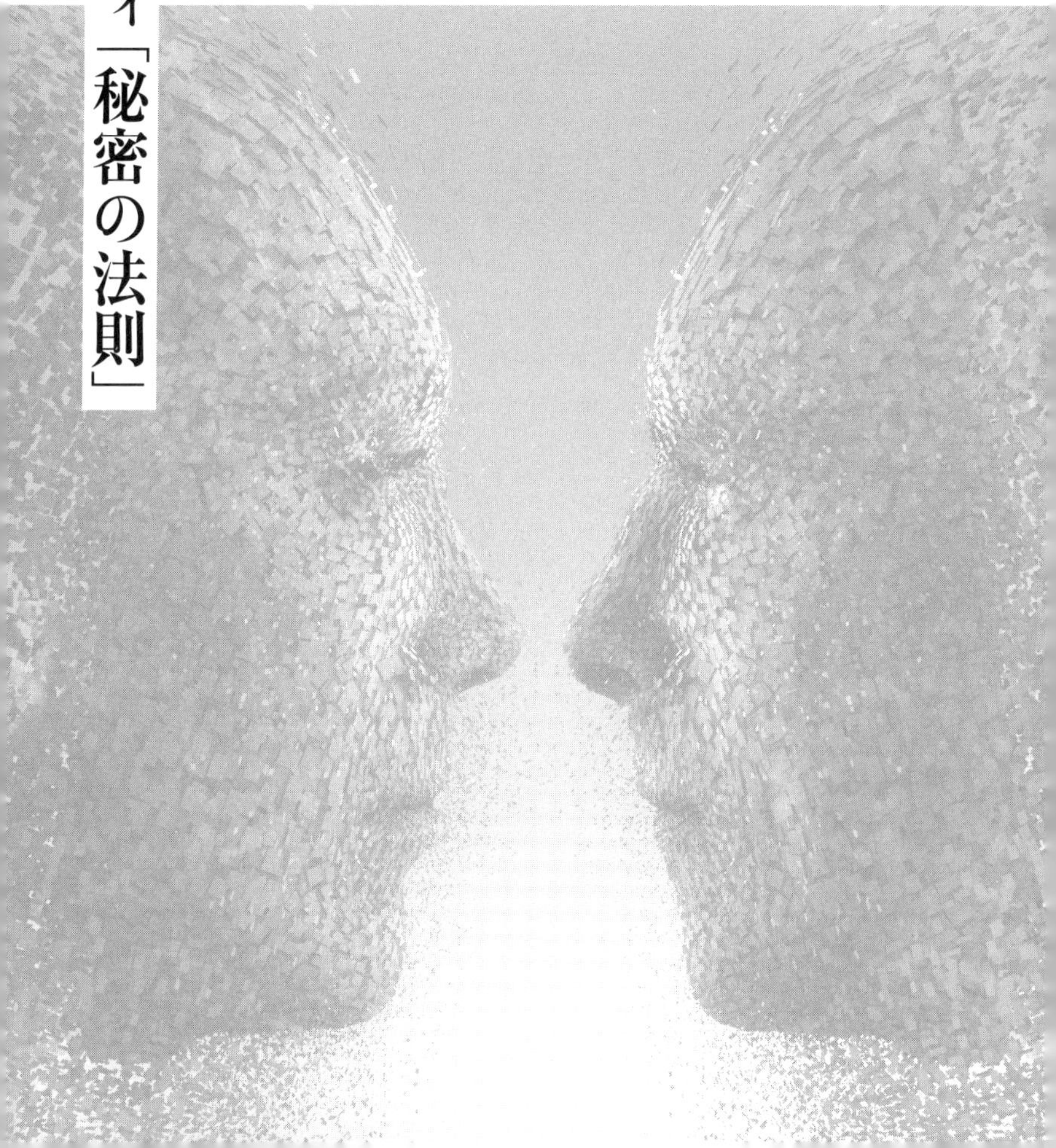

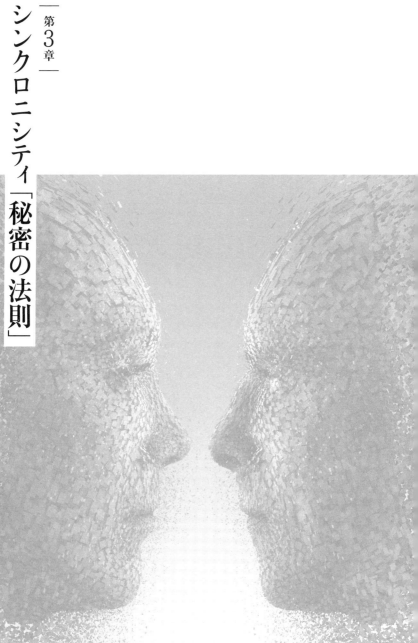

「レベル2」のシンクロが南ア戦を勝利に導いた

シンクロニシティには、簡単に分けると三つのレベルがある。

一つは、ごく身近で起きる個人レベルの小さなシンクロニシティだ。これは私たちが日常で経験している現象で、基本的には自分自身に対して潜在意識が必要だと思っているメッセージの伝達がシンクロニシティとして起こる。たとえば、朝、窓のカーテンを開けると太陽の光が差し込んでくる。その光が当たった先を見ると、探していた大事なものが見つかる、といったように起こるのが個人のシンクロニシティである。

次のレベルとして、家族や仲間などグループ単位で経験するシンクロニシティがある。規模が中位《ちゅうくらい》のシンクロニシティだ。卓球の水谷選手が出場したリオ五輪団体戦でも触れたが、個人の潜在意識だけでは決まらない、グループの潜在意識全体が絡んだシンクロニシティである。その場合、グループ全体の集合的な潜在意識が個人レベルのシンクロニシティとは別のシンクロニシティを引き起こす。

このレベルでは、グループ全体がまるで一つの意識に操られているかのように行動する。たとえば、ふと、ある喫茶店に行きたくなって、出かけたとしよう。すると行く途中で会いたいと思っていた友人とばったり出会い、向こうも自分に会いたいと思っていたことがわかる。そのまま意気投合して、二人でその喫茶店に行ったら、会いたいと思っていた別の知人と出会う。そして、その知人もまた、自分たちに会いたいと思っていたことがわかる、といったように、複合的に起きるのだ。

ラグビーやサッカーなどの団体競技で、仲間から絶妙なパスが来ることが何となくわかったり、味方全員の動きが直感的にわかったりするのも、このレベルのシンクロニシティと言えるだろう。全員の気持ちが、あたかも一つの意識になったようになり、各人が一つの意志の下に自然に動き出す。そして皆が不思議な気持ちを体験する。ラグビー日本代表が南アを破ったときも、そのようなシンクロニシティがあったに違いないのである。

それとは別に、このレベルのシンクロニシティとしては、前世で関係した人たちが今生《こんじょう》で再会する、つまり前世の因縁がある場合がある、と秋山氏は言う。

実は私たちが人生で経験する重要な出会いそのものが、このシンクロニシティである場合がほとんどだ。「袖振り合うも他生《たしょう》の縁」というように、人生の節目や大事な局面で出会う人は、必ずといっていいほど前世との因縁がある。それは、その人たちの人生にとって、極めて大事な出会いであり、同時に生まれてきた目的と強く結びついている。おそらく生まれる前から、潜在意識に深く刻まれている思いなのであろう。その思いを実現させるために、「運命的な出会い」というシンクロニシティが引き起こされるのだ。

読者の中には、前世など信じられないという人もいるかもしれない。もちろん輪廻転生を信じようが信じまいが、まったくお構いなしに人生は回っていく。前世があろうがなかろうが、まったく関係なく生涯を過ごすこともできる。だが、第2章で説明したように、前世を断固として認めなければ、前世があたかもないかのような現象が起こり、前世を認めれば、前世を象徴するような出来事が周囲で起こるのである。それは選択の自由のようなものだ。

科学も認めた「打ち消し難い前世の真実」

この東洋では馴染みのある生まれ変わり（輪廻転生）現象を、西洋の世界、とりわけ科学界にも広めるきっかけとなったのは、ヴァージニア大学医学部精神科主任教授だったイアン・スティーブンソン博士（一九一八～二〇〇七年）の功績が大きい。スティーブンソン博士は、過去世の記憶を自発的に語った幼児の事例を世界中から収集して、それを学術誌に発表したのである。当然のことだが、学界では大きな反響があった。

彼が取った手法は、主として二歳から五歳までの間に前世の記憶をよみがえらせた子供とその関係者を対象に面接調査し、子供がもつ記憶の歪《ひず》みや、関係者らの証言の食い違いや矛盾がないかどうかを検証し、可能ならば「前世の家族」も調査するというものであった。

その結果、証言内容の多くが作り話でも記憶錯誤でもなく、彼らが証言する前世の人物が、証言通りの容貌や体の特徴で実在し、証言通りの人生を送っていたことがわかったのである。

それだけでなく、今生のアザと先天性欠損がある同じ体の部位を、一つ前の過去世で弾丸や刀剣などが貫通して死亡したと証言したいくつかの事例において、当該の子供たちが「前世ではこの人物だった」と証言する実在の人物が、実際に証言通りの殺され方や死に方をしたことを証明するカルテなどを入手することもできたという。つまり、今生のアザと前世の死因に関連があったわけである。

またスティーブンソン博士は、今生では知りえないはずの外国語（真性異言《しんせいいげん》）を話すケースがあることも紹介、前世の時代に習得した言語を覚えているからではないかと結論付けている。このスティーブンソン博士の研究によって、生まれ変わり現象というものがどうやらあるのではないか、少なくとも科学的な研究の対象になりうるとみなされるようになり、現在でも研究が続けられているのである。

輪廻転生のメカニズムについてはよくわかっていないが、近年になって退行催眠による「前世療法」（患者の記憶を本人の出産以前や前世まで誘導し、心的外傷《トラウマ》等を取り除くとされる療法）が実施されるようになった結果、前世で夫婦や家族関係だった人たちが今生でも夫婦や親子関係となり生まれ変わっている場合が多いことがわかった。つまり一人一人の輪廻転生自体が何らかのグループを形成しながら同期して生まれ変わっている可能性が高いことがわかってきたのである。

とはいえ、このスティーブンソン博士らの説を盲信する必要はない。鵜呑みにすれば、それは他人の意見を判断基準にして決めたことと同じであるからだ。ただもし、何か前世があったことを示すようなほのかな魂の記憶や思いを持っているのであれば、前世を信じればいいだけの話である。

筆者は二〇〇九年にイギリス・湖水地方で、ある経験をしたことにより、前世があることに関して揺るがぬ信念を持っている。その信念を持ったおかげで、それ以来、前世と関係があるとみられる数々の不思議なシンクロニシティを体験したとだけ、参考までに付しておこう。

人類の集合無意識や神様が絡む大きな現象

最後の三つ目のレベルである大きなシンクロニシティは、人類の集合無意識が引き起こす場合の現象である。個々人の潜在意識が引き起こす中小のシンクロニシティは、地域も限定され、比較的規模が小さい。だが、人類の集合無意識が引き起こすシンクロニシティは、世界的な大事件や奇怪な事件の連続として現れる。

詳しいことは第5章の「人類の集合無意識とシンクロニシティ」で説明するが、二〇〇一年に米国で起きた9・11テロの直前に、乱数発生装置という機械が異常な数値を叩き出したことなどが挙げられる。人類に危機が直面するときに、その事前の警告として発生する場合が多いようだ。

イアン・スティーブンソン

この大きなレベルのシンクロニシティには、〝神様レベル〟の現象も含まれると秋山氏は言う。いわゆる御神事のようなもので、これもかなり広い範囲で起こる。これについて秋山氏は次のように言う。

秋山　神様レベルのシンクロニシティは、突然呼ばれたような気がして、山の中の神社に行ったら、知人にばったり出くわし、その知人も「何か神様に呼ばれたような気がしたのでここに来た」というように起こります。広い範囲で多くの人間がかかわります。何人もの人が、示し合わせたわけでもないのに、同じ時刻に同じ場所に集まって、御神事をすることもあります。どうもそれぞれに役割があるようです。だから、同じ時間帯には別の場所でも、もしかしたら世界中で、同じようなことが起こっているのかもしれません。

私もかつて、たまたま神様に呼ばれて諏訪湖に儀式をやりに行ったことがあります。諏訪湖に着いた日に諏訪大社の秋宮に行き、その後夕方になって、諏訪湖のほとりに立ちました。何人かの能力者で祝詞《のりと》を唱え終えて、フッと上を見たら、さっきまで晴れていた空に、俗にいう「ジェイコブズ・ラダー」（『旧約聖書』でヤコブが夢に見た天まで届く梯子《はしご》、つまり梯子状の雲）がブワ～っと出ていました。それは、それは、この世のものとは思えないような派手な光景でした。それも一瞬です。祝詞を唱えて、頭を下げてヒュッと上を見たらそうだったんです。そういうことがありました。

ほかにも重要なときに彩雲が起きたりするなど、自然現象とこちら側が別々ではないなと実感するような現象を経験します。これもかなり大きなシンクロニシティの例です。ただ、こういう現象はよほど、ピシャ、ピシャッと起きたときに「ああ、そうだな」と味わうべきもので、なんでもかんでもが神レベルのシンクロではありません。

シンクロニシティ「20の法則」

以上が、シンクロニシティが起こる三つのレベルである。しかしながら、この三つのレベルがあること以外にも、シンクロニシティには多くの法則性がある。それを箇条書きにして紹介しよう。

法則① シンクロニシティは人間の意識と連動して起こる。
法則② 潜在意識の心の状態がそのままシンクロニシティとして現れる。
法則③ シンクロニシティはシンボル的な意味を伴って出現する。
法則④ 先入観を取り除けばシンクロニシティは起こりやすくなる。
法則⑤ シンクロニシティはエネルギー伝達系ではなく、因果律によって起こるものでもない。

法則⑥　シンクロニシティは時間や空間を超越して情報のやりとりが起こる現象である。

法則⑦　シンクロニシティ的超常現象や大災害の予兆となる最初の現象は、水曜日や、月の二十三、二十四日に起きやすいなど、シンクロニシティには一種の周期性がある。

法則⑧　超常現象そのものがシンクロニシティ的な要因を非常に強く持っているため、シンクロニシティが発生するときは、超常的な現象となることが多い。

法則⑨　超常的な現象が発生した際、願いや呪文をわざと伏せて言挙《ことあ》げしない（顕在化させない）ことによって、信じられないようなシンクロニシティ現象を発生させることができる。

法則⑩　人が自然界とか人災の中で生きるか死ぬかといったような経験をしたとき、シンクロニシティは激しく起こる。

法則⑪　確率論的に「超ウルトラ起こりにくいこと」が連鎖して起こる。

法則⑫　シンクロニシティは人間の意識と連動して起こるため、シンクロニシティが発生して超常的な現象が起きた際に、それを「ありがたい」と思いながら、人間がいい感情を投入すれば、いい方向にシンクロニシティを起こさせることができる。

法則⑬　重要な意味を持つシンクロニシティは少なくとも三度は現れるが、「仏の顔も三度」と言うように、あまりにも気づかない場合は電流をブチッと切るようにぱたりと止むことがある。

法則⑭　シンクロニシティは幸不幸に一切関係なく、ある意味中立的に現れる。
法則⑮　激しくエネルギーの波風が吹き荒れるようなタイプの人と、逆に心静かなタイプの両極で、シンクロニシティが起きる場合が多い。
法則⑯　緊張・集中した後、弛緩・リラックスしたときにシンクロニシティが発生する。
法則⑰　意識下（潜在意識や集合無意識）に淡く残った思いは神話化して現象化する。
法則⑱　意図的にありえないような現象を起こすことで、悪いシンクロニシティの連鎖を食い止めることもできる（代償効果）。
法則⑲　心から楽しむことによって、いい方向にシンクロニシティを発生させることができる。
法則⑳　大事件や大災害の前には集合無意識がそれを事前に感知して騒ぎ出し、ありえない確率の異常なシンクロニシティ現象を発生させる。

右に挙げた法則の中で、どういう意味かわかりづらい法則もあるかもしれない。だが、この本を読み進んでいくうちに、理解してもらえるのではないかと思うので、すべてを今ここで詳説するつもりはない。ただ、その中で、特に⑦の「特異日や周期性」があるという法則については、今後の議論を展開するうえで重要なこともあり、詳しく説明しておこう。

シンクロ現象に特異日がある理由

秋山氏や、統計学者であった故・大田原治男ら超常現象研究家によると、どうも超常現象的なシンクロニシティが起こりやすい特異日がある。それが毎月の二十三、二十四の両日だというのだ。

そのような特異日があるはずはない、と読者の多くは思うかもしれない。だが、たとえば日本には「庚申待ち《こうしんま》」という風習がある。二カ月に一回決まった日に、天帝（造化の神）に告げ口するという三戸虫《さんしちゅう》が出てこないように、夜通しで猿田彦命《さるたひこのみこと》や青面金剛《しょうめんこんごう》を祀るという風習だ。

また、「二十三夜待ち」という民間信仰があり、陰暦二十三日の夜、月待ちをすれば願い事が叶うという信仰があるのである。ということは、昔の人は、特別な現象が起こりやすい特異日があると考えていたわけである。そして長い間、特異日に何らかの儀式を執り行うことにより、その思いを持ち続けていた。当然その思いは、人々の潜在意識の底に特別な日として刻まれる。すると、まさにその日に特別なことが起きることになるわけだ。

秋山氏にこの特異日についてさらに説明してもらおう。

秋山　どうして二十三日や二十四日が特異日になるかというと、それは二十四という数字が、一日が二十四時間であるように、人間にとって非常に馴染《なじ》み深い数字であることです。人はたいてい、時間を意識しながら毎日の生活を送っています。言い換えれば、二十四時間という区切りに従って毎日生活するなかで、知らず知らずのうちに我々の意識下に、二十四という数字が一つのサイクルを表すシンボルとして、くっきりと刻印されているということになります。

さらに、西洋占星術の星座と星座の替わり目を見ても月の二十三〜二十四日あたりが多くなっているし、古くから人類の宗教的儀式と関係の深い、二十四節季の冬至も二十三日かその一日前です。同じ二十四節季の秋分の日はまさに九月二十三日ごろですし、西洋文明が特別な〝奇跡の日〟とするクリスマス前夜の宵祭は、二十四日です。つまり、人間の潜在意識や集合無意識の深みに、二十四日ごろに何か新しい変化とか変革が始まりそうだという心の状態が刻まれます。すると、世界のあちらこちらで、二十四日の周辺に新しい変化を象徴するようなシンクロニシティを引き起こすことになるわけです。

庚申信仰も二十三夜待ちも基本的に、特定の日の夜中に神の降臨を皆で待つ信仰・風習です。つまり超常現象が起きるのをワクワクして待つわけです。すると、ワクワクするような現象が起こります。

庚申さんの古いタイプのものは、だいたい台座に「見ざる、言わざる、聞かざる」の三猿が彫ってあります。それはオカルトそのものです。

オカルトとシンクロニシティの法則性には、深い関連があります。オカルトというのは、願い事をするときに言ってはいけないというルールがあります。それが「言わざる」の本当の意味です。呪術の世界ではそれが常識です。口に出さなければ呪術は叶うという話は、世界中にあります。日本でも言挙げしてはいけないという風習は残っています。神道は凄く重要な呪術でもあると思っていますが、残念ながら経典は存在しません。それは言挙げしなかったからです。つまり、オカルティズムです。伏せて隠す。さり気なく見て、さり気なく聞く。すると、潜在意識に深く刻み込まれます。潜在意識に刻まれると、それは現実化します。

二十三日や二十四日が何か特別なことが起こる日であると潜在意識に刻んでおいて、しかも願望などを伏せて言挙げしないことによって、信じられないようなシンクロニシティ現象を発生させることができます。昔の人たちは、シンクロニシティを起こす法則性に気がついていたわけです。

「勝って兜の緒を締めよ」の真相

秋山氏の説明によると、二十四という数字が醸《かも》し出す「一周期の区切り・終わりという雰囲気」が長い時間をかけて潜在意識に刻まれたため、二十四日が近づくと何か新しいことが始まるという予感が意識下で湧き上がってくる。すると、その予感が現実化し、今までと全く異なる、超常的な現象が発生するのだという。

それと同じような現象で別の例を挙げれば、「五十日《ごとおび》」を思い出すといいかもしれない。五日、十日、十五日、二十日、二十五日、三十日または月末日のことだが、これらの日に給与や賞与などの決済を行う企業が多いので、「五十払い《ごとおばらい》」という言葉があるほどだ。その給料日である「五十日」が近づくと「何かいいことがありそうだ」と妙にウキウキしたり、そわそわしたりする経験があるのではないだろうか。すると潜在意識に「ざわつき」や「浮かれた感じ」が刻まれ、それを象徴する現象が起きるわけである。

週末も同様だ。週末が近づくにつれて、潜在意識はざわつき始める。それと「13」という数字が結びつくことにより、「十三日の金曜日」という迷信すら生まれる。実は、「十三日の金曜日」は不吉ではなく、週末や「13」という数字がもたらす「浮かれ具合」や「悪い予感」がそれを象徴する出来事を引き寄せているに過ぎない。だから古《いにしえ》の人たちは「勝って兜《かぶと》の緒を締めよ」という戒めのことわざを残したのだ。浮かれ過ぎると、それを象徴した現象が起こることを経験的に知っていたのである。

法則⑯で挙げた「緊張・集中した後、弛緩・リラックスしたときにシンクロニシティが発生する」も説明しよう。これは「念力」など超能力が発現するときの現象でもある。少年時代にスプーン曲げで一世を風靡《ふうび》した清田益章氏や、秋山氏が言うには、「曲がれ、曲がれ」と緊張している間は、スプーンは曲がらない。ところが、その緊張を解いてリラックスしているときにスプーンは曲がるのだという。言い換えれば、集中して弛緩した瞬間に、「念」が現実化するというシンクロニシティ現象が起きるわけだ。

実は私にも経験がある。〝超能力画家〟の海後人五郎《かいごじんごろう》氏の自宅で、紙と木をくっつける超能力実験をしたとき、最初は「くっつけ、くっつけ」と力んで念じても、ちっともくっつかなかった。だが、「もう、いいや」と半ば諦めて力みがなくなったときに、くっつくはずのない紙と木がくっついたのだ。居合わせた別の人も同じような感想を漏らしていた。

日露戦争を勝利に導いた「参謀の霊夢」

そうした現象は、集中し尽くして、力みが取れたときに見る夢にも現れる。その好例が、秋山氏の遠い親戚に当たる秋山眞之《さねゆき》海軍参謀が見た「霊夢」だ。一九〇五年の日露戦争における日本海海戦の三日前に「霊夢」で敵のバルチック艦隊の航行ルートと編隊の有り様を見て、迎撃作戦を練って勝利したというのだ。秋山眞之と言えば、「本日天気晴朗なれども浪高し」というあの有名な電報を送ったことで知られる、日本が生んだ天才戦略家である。日露戦争で連合艦隊の旗艦となった戦艦「三笠」の作戦参謀でもあった。

そのときの霊夢については、大元《おおもと》の教祖・出口王仁三郎の孫に当たる出口和明（一九三〇～二〇〇二年）が書いた『大地の母』に詳しい。それによると、秋山は二度、霊夢を見て、「神」の計らいを信じるようになったという。一回目は、一九〇四年六月中旬ごろ、ロシアのウラジオストック艦隊が日本海を通過してそのままウラジオストック港へ引き揚げるか、日本の東沿岸を進み、津軽海峡か宗谷海峡を抜けて帰港するか予測しなければならず、秋山参謀が頭を痛めているときだった。『大地の母』には次のように書かれている。

夜もすがら、考え、脳漿《のうしょう》をしぼりつくした末、力つきてふとまどろんだ——瞬間、閉じたはずの瞼の裏が陽光がさしたように明るくなり、海がひらけ、入り組んだ陸地が見え出したのだ。日本の東海岸の全景だ。その向こうに映ずるのは津軽海峡。と、蟻のような三つの黒点が現われ、次第に大きくくっきりと形をあらわす。夢寐《むび》にも忘れ難いウラジオ艦隊ロシア、ルーリック、グロムボイの三艦ではないか。波濤を蹴立て、三艦は津軽海峡目指して北進する。

——あっ、あいつら東海岸を廻って津軽へ抜けるのか。

直感したと同時に、何もかも霞の奥に閉ざされていた。夢といえば夢、幻といえば幻、これが悪夢かとしばしまどう。明け方だった。ひれ伏して東雲の空を拝した。魂のおののくような感動に、顔中涙となった。

——神助だ。神はおわす。

それは揺るぎない信念となって、秋山の腹の底に納まっていた。

霊夢で敵艦の行動を知ったなどと言っても、冷笑を買うのみである。秋山はこのことは胸底に秘し隠し、理性の判断からウラジオ艦隊の行動を推定したことにして進言した。

ところが、軍司令部は秋山の進言を採用しなかったため、ウラジオ艦隊は太平洋から津軽海峡を通って、やすやすとウラジオストックへ入港してしまったという。

二度目の霊夢は、日露戦争の雌雄を決することになる日本海海戦の三日前、一九〇五年五月二十四日のことだった。このときは、ロシアの強力なバルチック艦隊を迎え撃つことになり、敵がどのような針路を取るか想定しなければならなかった。何度となく、全艦隊の首脳部が集まり密議を凝《こ》らしたが、決められない。参謀の秋山は、責任の重圧に押しつぶされそうになりながら、「昼も夜も寝食を忘れて考え続け」た。そして問題の二十四日早朝を迎える。

その当時を振り返って秋山は次のように述べたと、『大地の母』には書かれている。

「忘れもせぬ五月二十四日の明け方でした。ぼくは疲労でよろめきながら士官室に行き、安楽椅子にぶっ倒れました。他の連中はとうに寝てしまって、士官室にいるのはぼくだけです。体はどんなにまいっても、頭脳だけは別のように考え続けていて安まらない。それでも、とろりと眠ったのだろうか、例の瞼の裏が明るく深く、果てしなく広がり出した。

瞼の色が変わって海の青いうねり、波の白がくっきり見える。——対馬だ。対馬海峡の全景が見える。

ぼくは無意識に心眼を凝らして海上を探った。いや、探るまでもなかった。バルチック艦隊は二列になってのこのこ対馬沖をやってきます。その陣容、艦数までとっさにつかんで、しめた、と思ったとたん、はっと正気に返った。頭は冴えに冴えています。今度は二度目なので、すぐに神の啓示だと感じました。敵の出方がわかれば、作戦はひらめいてきます。

バルチック艦隊は確かに二列を作って対馬東水道を北上する。それに対抗する方策は、第一段は夜戦で駆逐艦・水雷艇による襲撃をかける。第二段はその翌朝の艦隊全力上げての決戦、第三段・第五段はひき続いて夜戦、第四段・第六段は艦隊の大部分をもってする追撃戦、第七段はウラジオ港口に敷設した機雷原に敵艦隊を追い込む。昼夜の海戦を続けようという、ぼくの七段構えの戦法が出来上がりました。

二十七日の夜明けになって、信濃丸からの無線電信で敵の接近を知り、ついにあの歴史的な海戦になるのですが、その時は肝の底から勝利の確信がありました。なぜって、目前に現われた敵の艦形が、三日前に霊夢で見せられたのと寸分の相違もなかったんですからね。ただ予想に反して敵艦隊の海峡通過が昼になったので昼夜が入れ替わり、第一段の艦隊決戦ですでに大勢を決したので、実際には第三段で作戦は終わりましたが……。

いざ戦報を書こうとして筆を執った時、『天佑と神助によりて……』と、まず書き出していたのです。事実、そうなのですから。決しておまけでも形容でもなかったのですよ」

「(前略)ぼくも二度の体験以来、人間に働きかけてこられる神霊の実在を、疑うことができんのです。人間がいくら知嚢《ちのう》をしぼっても決しかねる時、人間が匙を投げて神の前にひれ伏せば、神は必ず誠心の人を助け給う。これがぼくの信仰です。智慧ばかりでは駄目だ。人間が万全の働きをするには、どうしても至誠通神の境地に達せねばならぬと思いますね」

以上が秋山参謀の見た二つの霊夢の詳細である。敵の艦形が「寸分の相違もなかった」というくらいであるから、まさに予知夢だったのだろう。その一方で秋山参謀はその後、一九一七年六月二十二日、「四日後(二十六日)に東京で大地震が起こる」と予言して、その予言があえなく外れるという騒動を引き起こしている。

天災発生にも当てはまる緊張と弛緩

人事を尽くして天命を待つというが、おそらくその違いは、秋山氏の言う「言挙げ」や「緊張と弛緩」に関係があったのではないだろうか。そこが予知夢を含むシンクロニシティ現象の難しさであり、奥ゆかしさであるように思われる。秋山氏に秋山眞之がなぜ地震予知に失敗したかを聞いてみた。

秋山　前にも説明したかもしれませんが、みんなが地震を気にして警戒している間は、地震は起こらないんです。意識しているとシンクロニシティは起こらないという法則のようなものがあると思います。

秋山眞之は口に出して地震を予言してしまった。そうすると、皆が意識してしまうので起こりにくくなるんです。ところがみんながほっと一息ついて、天災のことなど夢にも思わなくなったときに発生します。天災は忘れたころにやって来るということわざ通りです。

布施　それは超能力が緊張と弛緩によって発生するという現象に近いですね。「スプーンよ、曲がれ」と意識して念じているうちは曲がらない。ところが、疲れ果てて心がフラットになったときに曲がるというように。もしそうならば地震も、人間の潜在意識が発生させたり、させなかったりしている可能性が出てきます。

秋山　その可能性はあります。古神道で良いことを言挙げしないという教えがあるのもそのためだと思います。口に出した途端、意識されますから、「良いこと」や「良い未来」が起こらなくなることがあるからです。逆にわざと「悪いこと」「悪い未来」を言挙げして、皆に意識させて起こらなくさせることもできるわけです。

シンクロニシティ現象は逃げ水のようなもので、意識して追っても捕まえることはできません。仮に捕まえたと思っても、指の隙間からスルリとこぼれ落ちます。そして意識しなくなったときに、シンクロニシティ現象が起こります。

秋山氏の説明を補足すると、「言挙げ」、すなわち言葉に出すということは、顕在意識化するということだ。百円玉を探すときに、「何がなんでも探してやろう」と強く意識して探すと見つからない現象が起きるということは、既に書いた。これと同じ現象が起きる。言挙げすると、せっかく潜在意識にあった「願い」が顕在意識化して、現象化しづらくなるのである。願望などは言挙げせずに伏せて、逆に嫌なことは言挙げして顕在意識化するといいというのは、このためだ。

ここが難しいところでもある。たとえば、秋山眞之参謀が「霊夢を見たので間違いない」などと言って進言したら、霊夢で見たものとは違うルートでバルチック艦隊がやって来た可能性も出てくるからだ。顕在意識ではなく、潜在意識を使うからこそ、シンクロニシティ現象が起きるということである。

ロブ・マクレガーのシンクロニシティ「七つの秘密」

シンクロニシティの法則はあまりにも多岐にわたるため、そのすべてを説明するだけで紙幅が尽きてしまう。そこで、『インディ・ジョーンズ　最後の聖戦』などの小説で知られるアメリカの作家ロブ・マグレガー氏がシンクロニシティの法則性についてまとめた「七つの秘密」を紹介して、議論を次に進めようと思う。彼が考えた「七つの秘密」とは次のようなものだ。

秘密①　偶然には意味があると認めさえすれば、次々と必要な情報や新しい可能性がやってくる。
秘密②　シンクロニシティは我々の感情と深く絡み合っている。
秘密③　シンクロニシティはあらゆる超常現象の根本《こんぽん》である。
秘密④　創造性はシンクロニシティの賜物である。
秘密⑤　シンクロニシティは数字やシンボルの形で何度も現れる。
秘密⑥　シンクロニシティは道化師のように意外性と驚きをもって出現する。
秘密⑦　シンクロニシティは我々を集合体のように見なして世界的な事象を引き起こすことがある。

「七つの秘密」に少し解説を加えよう。
秘密①は、第2章で説明した通りだ。先入観を捨ててシンクロニシティがあることを認めれば、次々と起こるのである。それは秘密②に書かれているように、潜在意識に刻まれた思いと深く絡み合っているからだ。秘密③は、より大きなシンクロニシティの場合に起こる。秘密⑦も人類の集合無意識が引き起こす、より大きなシンクロニシティのことだ。

秘密④⑤⑥は、これから紹介するシンクロニシティの意味を解釈するときに深くかかわってくるもので、基本的にシンクロニシティがシンボリックに現れることと関係している。

このように、マグレガー氏が考える「七つの秘密」も、おおよそ秋山氏と私が考える法則と似ていることがわかる。少なくとも、シンクロニシティは法則性を持った現象であることは、誰もが認める事実であろう。その法則をどの側面で切るかによって表現が違ってくるだけなのだ。

シンクロニシティが法則性を伴って誰にでも起こる現象であることはわかっても、その現象の意味に気づくかどうかは別の話である。というのも、私たちの身の回りで起こるシンクロニシティは、非常にシンボリックな姿で現れるからだ。その象徴性をどのように理解していけばいいのだろうか。次の章ではシンクロニシティが私たちにもたらす意味について考察する。

第4章

シンクロニシティの読み方・解き方

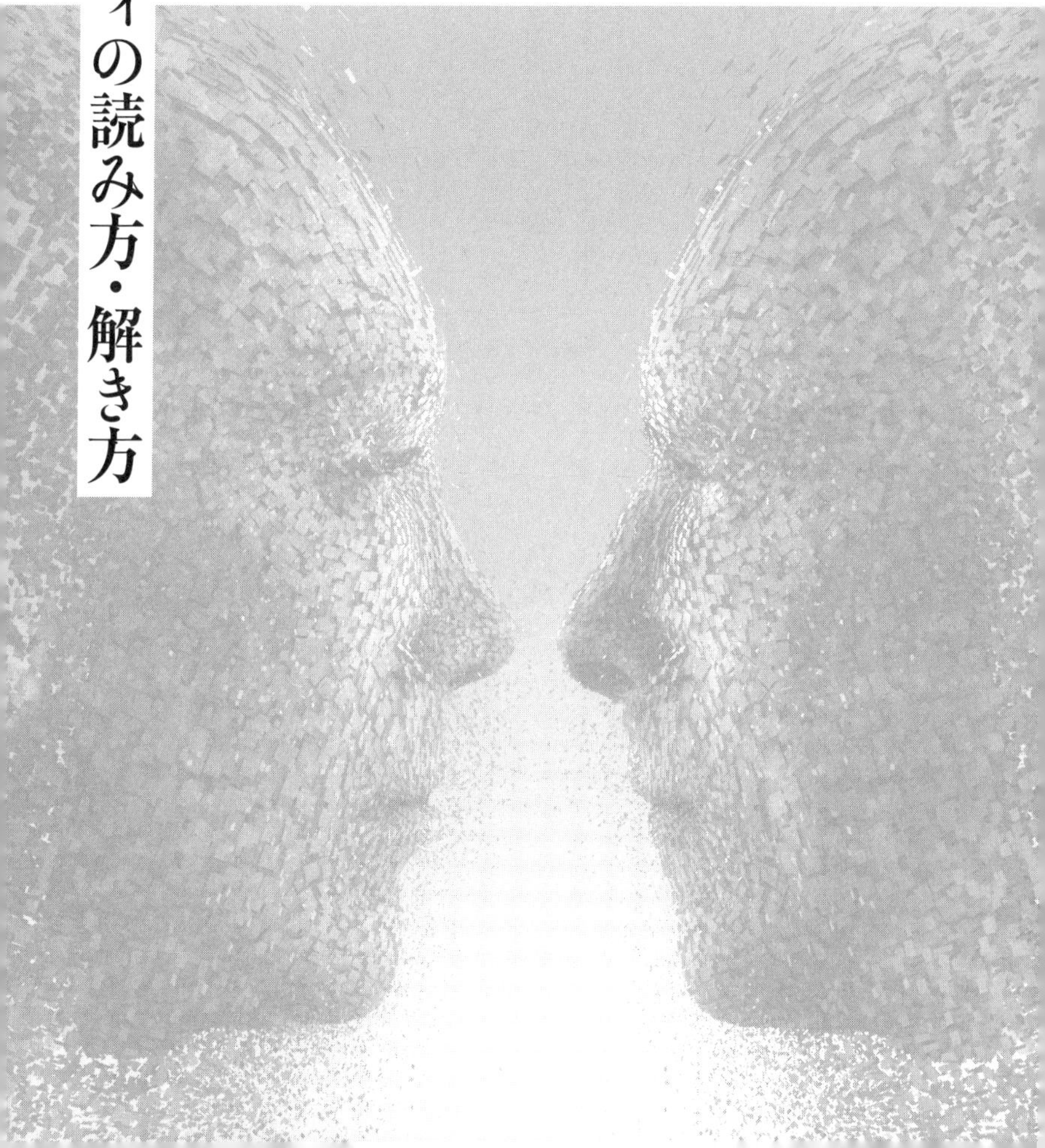

夢がもたらす「シンクロニシティの本質」

私たちの身の回りで起こるシンクロニシティのうち、最も奥行きが深く、面白いのが「夢」だ。というのも私たちの潜在意識は夢の中で、私たちが気にしている問題の解答や必要と思われる情報を絶妙のタイミングで伝えるというシンクロニシティを発生させているからだ。しかも、その解答や情報を伝える夢は、シンボルに満ちあふれ、創造性や独創性に富んでいる。まさにワンダーランドの世界で、すべての可能性や想念のパターンがそこに現れる。そして、その可能性やパターンを表すシンボルこそ、実はシンクロニシティの本質なのだ。

だが夢は、シンボルに溢れているがゆえに解釈が難しくなる。吉兆と思われる夢は、実は警鐘の夢で、一見不吉そうな夢が、実は有益な夢であったりすることも多い。

たとえば、ミシンを開発したことで知られる十九世紀のアメリカの発明家エリアス・ハウが見た夢のケースがある。彼はある日、野蛮な見知らぬ王のために裁縫機械を作らされる夢を見た。王はハウにわずか一日の猶予しか与えず、それまでに機械を作らないと処刑すると命じる。ところがハウは期限までに作ることができず、王の前に連行されて槍を突きつけられる。絶体絶命のピンチ。まったくの悪夢である。

だが、この悪夢は、現実に起こることを予知した不吉な夢であったのだろうか。いや、実はまったく逆なのだ。この夢は発明につながるヒントを与えてくれる幸運の夢だった。その夢の中でハウが突きつけられた槍をよく見ると、槍の先に穴が開いていたことに気がついた。それがヒントになって、「そうか、針の後ろではなく先に穴を開けて糸を通せば、オートマチックに縫う仕組みが可能になる」と、これまでさんざん苦労しても製作できずに悩んでいた裁縫機械（ミシン）を一気に開発することができたのだ。

同様に、有機化学構造論の基礎を確立した十九世紀のドイツの化学者アウグスト・ケクレが、蛇が尻尾を食べようとしてグルグル回っている夢を見て、ベンゼンの構造式を発案したという話は有名だ。つまり蛇や槍が夢に出てきても、必ずしも不吉とは限らないわけである。むしろそこには、奇想天外な、シンボリックな意味が、大切な宝物のように隠されているのだ。

秋山氏は、夢がもたらすシンクロニシティについて次のように説明する。

秋山　私たちの脳は、いわばシンクロニシティ探知器のようなものです。だから私たちが寝ている間に見る夢も、脳がちょうど知りたかった疑問の答えや、どうしても今その人に必要な情報などを象徴的に知らせてくれるというシンクロニシティを引き起こします。

このシンクロニシティは、昔から「夢のお告げ」などの現象で知られています。ただし、夢の中のシンクロニシティを解釈するときに、独断に陥らないことです。感情や先入観を絡めると正確に解釈することができなくなるからです。自分が不吉だと思った夢も、実はそうではない場合も多々あります。逆に幸運だと思った夢が実は「浮かれるな」という警告だったりします。

たとえば天使が空を舞い、宴を開いているような夢を見たときは、吉兆の夢というより、逆に要注意という場合がほとんどです。というのも、その夢はただ、その人が「浮かれている」という状態を表しただけのサインである場合が多いからです。潜在意識の心の状態がそのまま現れるのがシンクロニシティである、ということを忘れないようにしなければいけません。

だから、夢を解釈するときも、先入観を持たないことです。そしてまず、シンクロニシティや夢の構造・メカニズムを理解することです。夢の中では、そこで語られた言葉や物語よりも、シンボルやその象徴するモノに焦点を当てるべきです。そのほうが、夢の真意が明確にわかります。ハウのケースを例にとると、王様にミシンを期限までに作れと命じられて、期限までに作れないという物語は、ただハウのそのときの焦りや苦悩を表現しているにすぎません。大事なのは槍の持つシンボル性でした。槍はこの場合、ミシンの針を象徴していたわけです。同様に、ベンゼンの構造式を発案したケクレが見たという蛇は、構造式の形のシンボルでした。

潜在意識から送られてくるシンボルをつかむ

秋山氏は、夢を解釈する場合、その物語性よりもシンボル性に焦点を当てるべきだと主張する。どうやらそれは、私たちの深層心理の構造と深くかかわっているようだ。秋山氏はその理由について次のように続けた。

秋山　どうして物語よりもシンボルを重視すべきなのか、ですが、私がこれまでの体験を通じて知覚している顕在意識と潜在意識の関係を、図（111ページ）を使って説明しましょう。

普段、私たちが使っている顕在意識が一番上にあるとして、その下に急に狭くなるところがあります。これは個を認識するためのフィルター、すなわち「自我のフィルター」のようなもので、マンホールの入り口のような穴があると思ってください。その細いパイプの下に潜在意識の領域があって、もっと底のほうに向かうと、ドンドン末広がりに広がっていきます。で、一番底のほうは、他者の意識や自然界、時空を超えた宇宙などあらゆるものとのつながりを持っています。つまり、私たちの潜在意識の奥底では、ありとあらゆる情報とつながっているわけです。

この深いところの情報が、私たちの寝ている間に、まるで泡が一粒一粒、水の表面に浮かび上がるように静かに上に上がって、認識できる意識のほうに近づいてきます。一方、覚醒しているときには上のほうにある私たちの顕在意識のカーソルが、眠っているときには潜在意識に近い穴の入り口辺りか、ときにはもっと下の潜在意識の領域にまで下がるので、情報が受け取りやすくなります。夢は潜在意識の中にある自分が気づかない情報を教えてくれます。だから寝ているときに見る夢で、いろいろ役に立つ情報を得ることができるわけです。

ところが、ここには三つの障壁があります。一つは徳利の首のように狭くなった辺りの下側には、私が「感情のゴミ」と呼ぶ、強い感情と結びついた記憶情報が、それこそゴミのように浮遊していることです。特に人間は防衛本能が勝っているためか、嫌なことのほうが記憶情報として残る傾向が強いようです。それらは、マイナスの感情がいくつも刺さって食い込んでいる記憶情報です。そのため、せっかく潜在意識から浮き上がってきた純粋な情報が、「感情のゴミ」と絡まることにより、正しい情報が失われたり、歪《ゆが》んでメッセージを拾ったりしてしまうわけです。つまり感情のバイアスがかかってしまうため、元の情報が歪められてしまいます。

二つ目の障害は、顕在意識側にあります。夢は、そのときの体の状態にも左右されるからです。たとえば、重たい布団で寝たときに、家の下敷きになって動けない夢を見たり、

顕在意識と潜在意識

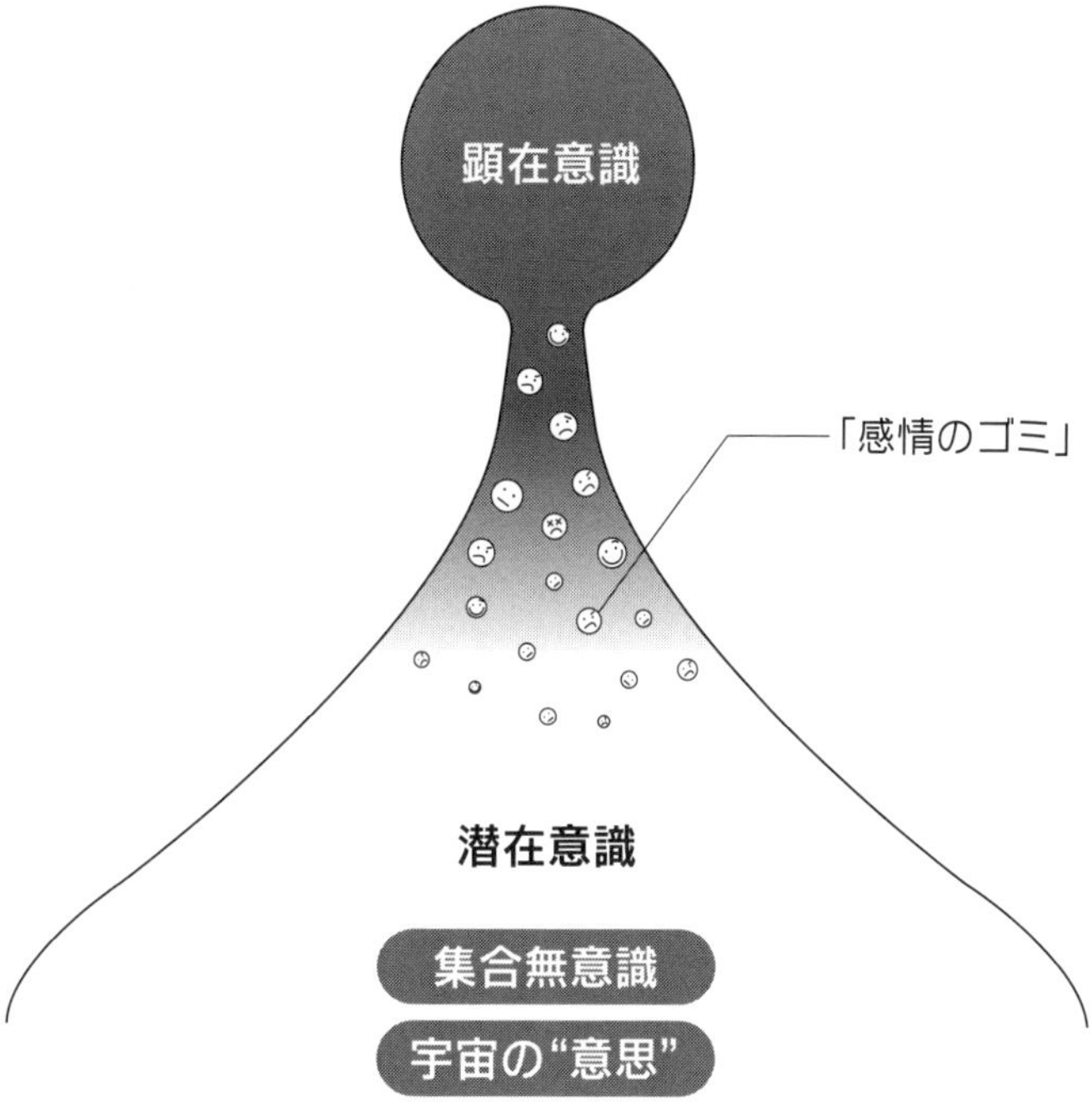

寝ていてトイレに行きたくなったりしたときに、トイレに行っている夢を見たりする場合が、この例です。このような障害が招く夢は、ちゃんと精査して分ける必要があります。

三つ目の障害は、徳利の首のように狭くなったところがあることからわかるように、潜在意識の広がりの中にある膨大な情報を送るには容量に限りがあるということです。そこでその手前のところに一種の「夢編集室」みたいなものがあり、弱い出力でも情報を上に挙げられるよう、膨大な物語や複雑な情報をシンボル化して圧縮、編集し直しているんです。言い換えれば、出来上がった製品では容量制限や積載制限があるので送れないため、シンボルという小さな部品にして送るわけです。

物語性よりもシンボルを重視しなければならないのは、このためです。

夢と現実が交錯するシンクロニシティ

秋山氏が語る夢を解釈する際の心得は、そのままシンクロニシティを解釈するのに当てはまる。シンクロニシティもまた、まったく思ってもいなかったような、しかも非常に象徴的な偶然の一致として現れることが多いからだ。

アメリカの考古学研究家で作家のフランク・ジョセフは、自著『シンクロニシティ』の中で、自分が経験した興味深いシンクロニシティの例を挙げている。ジョセフは一九九二年のある日、車を運転中に、何の前触れもなしに「サルマン・ラシュディ」という名前が脳裏に浮かんだ。ラシュディといえば、反イスラム的内容の小説『悪魔の詩』を書いたことで物議を醸《かも》した、インド出身のイギリスの作家である。イスラム原理主義者によって異端者と見なされ、一九八九年にはイラン最高指導者ホメイニから死刑宣告を受けた。その後、同著作に関係する、各国の翻訳者・出版関係者を標的とした暗殺や暗殺未遂事件が発生した。

だがジョセフは、なぜラシュディの名前が浮かんだのか、まったく心当たりがない。ますます気になって、思いをめぐらしていると、運転する車の右側にある高速道路に続く道路に一台の車が見えた。何の変哲もない濃いブルーの乗用車だが、かなりスピードを出していたので、ジョセフはこの車を先に行かせようとブレーキを踏んだ。夫婦らしい二人の若い男女が乗ったその乗用車が前に出るのを見ていたジョセフは、その車のナンバープレートを見て愕然とした。そこには「ラシュディ」という文字が刻まれていたからだ（アメリカでは、車の所有者が好きなナンバーや文字を使って登録できる）。

これなどは、まさにシンクロニシティがもたらすシンボリックなメッセージである。〝死刑判決〟を受けた「ラシュディ」は、危険が迫っていることを告げるシンボルであったわけだ。しかもその危険の主は、文字通り「ラシュディ」というプレートを付けた乗用車であった。まるで、夢で見るシンボルと同じようなシンボルが、現実の世界でも「意味のある偶然の一致」として出現していたのだ。まさに夢と現実が交錯する、絵に描いたようなシンクロニシティである。

実在するアメリカの霊能者アリソン・デュボアをモデルにした米テレビドラマ『ミディアム霊能者アリソン・デュボア』は、フィクションではあっても、夢と現実が交錯するシンボリックな世界を実にうまく描写している。どのエピソードも、大抵は彼女が見る夢のシーンからスタートするのだが、その夢はアリソンがこれからかかわる実際の事件と深い関係があり、多くの象徴的な示唆に富んでいるのである。

たとえば、シーズン2の第六話「新たな霊能者」では、アリソンは陰惨な夢を見る。自分が働く地方検事局が拳銃を持った刺客に襲われ、上司らが殺害されたのだ。彼女は翌晩も、その翌晩もまた同じ夢を見る。そしてその三日目の夢で、襲撃犯が検事局の同僚であることがわかるのだ。

普通なら、その同僚が上司に対する不満を募らせて検事局を襲撃するという予知夢を見たのだと短絡的に考えるところだ。だが、何度も言うように夢はシンボルとしてでしか意味がない。アリソンは夢で見た襲撃時間と同じ時間に、その同僚の妻が実際に検事局に現れるという決定的なシンクロニシティを経験して、彼女が見た夢の意味は、その同僚が内通者として被告の弁護士側に情報を流していることであると気がつく。つまり、身内による襲撃事件の夢は、内部に裏切り者がおり、ダメージを与えていることを暗示するシンボルとしての夢だったわけだ。

人間はある種のシンクロ発生装置

ジョセフや〝アリソン〟が体験したようなシンクロニシティは、「噂をすれば影がさす」という現象のパターンであると同時に、夢で見るようなシンボリックな現象が、この現実の世界でも起こるのだということを如実に示している。そして、このパターンは、食べ物などのモノや、特定の現象を示すシンボルと結びついて「意味のある偶然の一致」として現れる。

例を挙げよう。ユングがシンクロニシティ現象を理解するための具体例として紹介しているものだが、プラム・プディングとある人物が結びついたケースだ。フランスの詩人エミール・デシャンが一八〇五年に初対面の「ドゥ・フォルジボー氏」からプラム・プディングをご馳走してもらったことがあった。一〇年後にデシャンはパリのレストランのメニューを眺めていて、プラム・プディングを見つけた。それを注文したところ、最後の一つを別のお客が先に注文していた。その客をよく見ると、何と一〇年前にデシャンにプラム・プディングをご馳走してくれたドゥ・フォルジボー氏だったというのである。

話はまだ続いていて、さらに年月が過ぎて一八三二年のこと。デシャンは再びあるレストランでプラム・プディングを注文したときに、その二つの出来事を思い出した。その時そばにいた友人に、「これでドゥ・フォルジボー氏がこの場にいれば、完璧なセッティングになる」と語った瞬間に、年老いたドゥ・フォルジボー氏が現れた、というのである。「ラシュディ」という名前が「危険」とセットになって出てくるというシンクロニシティがあるように、プラム・プディングを頼むと、セットでドゥ・フォルジボー氏が出てきてしまうような、シンボリックな現象が起きてしまうというわけだ。

そう考えると、人間そのものが、ある特定のシンボルと結びついて、あるいはそのシンボルを衣のように纏《まと》っている存在なのではないかと思われてくる。宮沢賢治の『風の又三郎』に登場する謎の転校生「風の又三郎」のように、強い風が吹くとやって来る人間が実際にいるのである。

それを地でいったのが、ユングとも深い交流があり、一九四五年にノーベル物理学賞を受賞したスイスの物理学者ヴォルフガング・エルンスト・パウリだ。彼が実験室に入ってくると実験装置がひとりでに動かなくなってしまうのである。「単なる偶然の一致に過ぎない」と笑い飛ばしていた同僚の実験室ですら、パウリが近づいただけで装置が壊れるという現象が続いたため、パウリがいると実験装置は壊れるという現象はいつしか「パウリ効果」と呼ばれるようになった。

とにかく彼がそばにいるだけで、天体望遠鏡の蓋は落ちて壊れ、明確な原因がないまま花瓶も倒れ、高価な実験装置も原因不明の故障を起こし、研究室全体の実験がうまくいかなくなる。まるでパウリが「装置の故障」というシンボルを身に付けて、それをばらまいて現実化させて

私が実験室に入ると
機器が壊れてしまうのです。
人はそれを「パウリ効果」と
呼んでいるそうですが。

ヴォルフガング・エルンスト・パウリ

いるかのような現象だ。

最初は同僚たちが思ったように、単なる偶然だったのかもしれない。ところが同じ現象が続いたことにより、パウリが現れると実験は失敗するという淡い思いが同僚たちの潜在意識に落とし込まれたのであろう。するとパウリ自身が実験失敗や装置の故障のシンボルと化して、そのシンボルが現実化するという現象が起きる。それによって実験が失敗しそうになったり装置が壊れそうになったりするとパウリが現れるという現象や、パウリが現れたことにより装置に何らかの異常が生じるという現象が起こりやすくなるのである。

それは、プラム・プディングを注文すると「ドゥ・フォルジボー氏」が現れる現象と同じである。ドゥ・フォルジボー氏と出会う予感をデシャンの潜在意識が感じ取ると、プラム・プディングを食べたくなり注文する。ドゥ・フォルジボー氏の潜在意識は逆に、デシャンがプラム・プディングを注文することを予知的に感じ取るので、引き寄せられるようにデシャンがいるレストランに赴くわけだ。

こうした例を見ると、人間そのものがある種のシンボルを生み出すシンクロニシティ発生装置であり、秋山氏が指摘するように、人間の脳はそれを検知する装置であるかのように思えてくる。すなわち、ある人間の属する性質として、「プラム・プディング」とか「機械を壊す」などがセットとなってシンボル的に存在している。それが、自分の周囲に広く形成される、その人を象徴する一つの世界なのだ。その世界を、その人の「場」とか、その人が纏《まと》った「オーラ」の世界と見なすこともできる。そして、その世界が他の世界と交錯すると、「他の世界」に「その世界」のシンボルがもたらされる。同時に「その世界」にも「他の世界」のシンボルがもたらされるのである。

おそらく「ラシュディ」の車は、危険というシンボルを伴いながら、「ジョセフを取り巻く世界」に入って来たのであろう。だからジョセフは「ラシュディ」という危険を表すシンボルを無意識のうちに受け取ったのだ。

八つの形象が作るシンボルで宇宙を表現する

ドゥ・フォルジボー氏と結びついたプラム・プディングや、パウリと結びついた「装置の故障」のように、その人の「場」が近づくと、その人を象徴するような現象が周囲で起こりやすくなるのである。だからこそ、黒猫が前を通ると不吉であるというような迷信が生まれ、「カエルが鳴くから帰ろう」といった洒落歌が生まれたのだ。そう考えると、たとえばたまたまカラスが屋根の上に飛んで来ただけで、あるいはカラスを意識しただけで、カラスのシンボルと結びついたような人や事象が現れるといった現象も起こることになる。

もしそうならば、この世界にあるものはすべて、特定のシンボルの集合と一体になっている可能性が出てくる。森羅万象はすべてシンボルで表現できるかもしれないわけだ。

そうしたシンボリックな不思議な現象を、何十年、何百年、もしかしたら何千年もの長期間にわたって詳細に観察検証して体系化したのが、実はユングも傾倒した「易経」なのである。この易経について秋山氏は次のように言う。

秋山　ユングやジョセフ・マーフィーが気づいていたように、易は宇宙のアルファベッド、宇宙の言語のようなものです。夢や啓示に出てくる、訳の分からない象徴の羅列も、易をうまく使えば、手紙の読み下し文のように簡単に読み取ることができます。

秋山氏によると、潜在意識が夢などを通じて送ってくるシンボル情報はすべて、易で簡単に解釈することができるのだという。いったいどうしてそのようなことが可能なのだろうか。

秋山　潜在意識の底には、ある種の〝意思〟があります。それは「非常に深いところにある自分」と言ってもいいです。その〝意思〟が、潜在意識の裾のほうから上がって来た情報を表側の意識、つまり顕在意識が知ることが必要であると判断したときに、その情報をあぶくのように顕在意識に押し上げようとするわけです。で、それを「夢の編集室」でシンボルに変換して伝えます。
　そのときの編集のパターンは八つあり、それが八卦《はっけ》と呼ばれる、自然界・人事界百般のシンボルを作り出す八つの形象です。八つのパターン同士の組み合わせで六十四の卦を導くことができます。基本的にそれらを「陰」と「陽」に分解して「部品」として送ることも可能なわけです。「0」と「1」だけで複雑な計算を瞬時に成し遂げるスーパーコンピューターみたいな仕組みが、そこにはあります。だから、送られてきた奇妙奇天烈《きみょうきてれつ》なシンボルも、元の「陰」と「陽」の組み合わせに戻して、つまり組み立て直して六十四卦に変換すれば、意味がわかるような仕組みになっています。

ただし潜在意識から顕在意識に送られてきたシンボルを解釈する際、現れてきたシンボルの順番を上下逆さまにして解釈しなければならないという現象が起きます。おそらく顕在意識と潜在意識の境目で、その上下逆さま現象が起きます。だから、先に現れた易の卦を後にして、後から出てきた易の卦を先に持ってきます。それで易を立てるのです。

複雑怪奇な夢も「易」で解釈できる

秋山氏の説明を解釈すると、こういうことだ。

コンピューターが「0」と「1」の二つの数字の組み合わせですべての数字を表現するように、「陰」と「陽」の二つの性質の組み合わせで自然界・人事界百般の現象を表現できるのが易なのである。そこでたとえば、潜在意識が顕在意識に膨大な情報を送ろうと思ったとする。

ところが、あまりにも複雑で、膨大な情報の場合は、顕在意識にそのままでは送れなくなるような事態が起こる。そこで潜在意識はその複雑な情報をよりコンパクトな「陰」と「陽」に分解して、その陰と陽の組み合わせの羅列を顕在意識に送るわけである。

例を挙げておこう。たとえば、潜在意識が顕在意識に対して、《限界にあることを自覚したうえで、引き下がるか挑戦するかを見極めて行動すれば、解決できる》という内容のメッセージを送ろうとしたとする。かなり複雑なメッセージで、六十四卦でいうと「水沢節《すいたくせつ》」の卦だ。潜在意識はそれを陰と陽のメッセージに分解して、陽・陽・陰・陰・陽・陰、という羅列で顕在意識に送る。

このとき、どういうわけか、逆さ文字現象のようなことが起こる。顕在意識がこのシンボルの意味を解釈するときには、陰・陽・陰・陰・陽・陽という、上下逆さの順番の羅列に変換し直さなければならないのだ。つまり顕在意識に現れた陰と陽のシンボルを下から順番に記していき、読むときは上から読むという作業をするのである。

すると、最初の三つの陰・陽・陰という羅列は、八卦の「坎《かん》」で、自然界のシンボルは「水」、後半の三つの陰・陽・陽という羅列は八卦の「兌《だ》」を表し、自然界のシンボルは「沢」となるので、「水沢節」が導き出されるわけである。

しかしながら、単純に陰と陽のシンボルだけで送られた情報も、秋山氏の言う「夢の編集室」で様々な形やシンボルに変換されることが多い。というのも「夢の編集室」では、顕在意

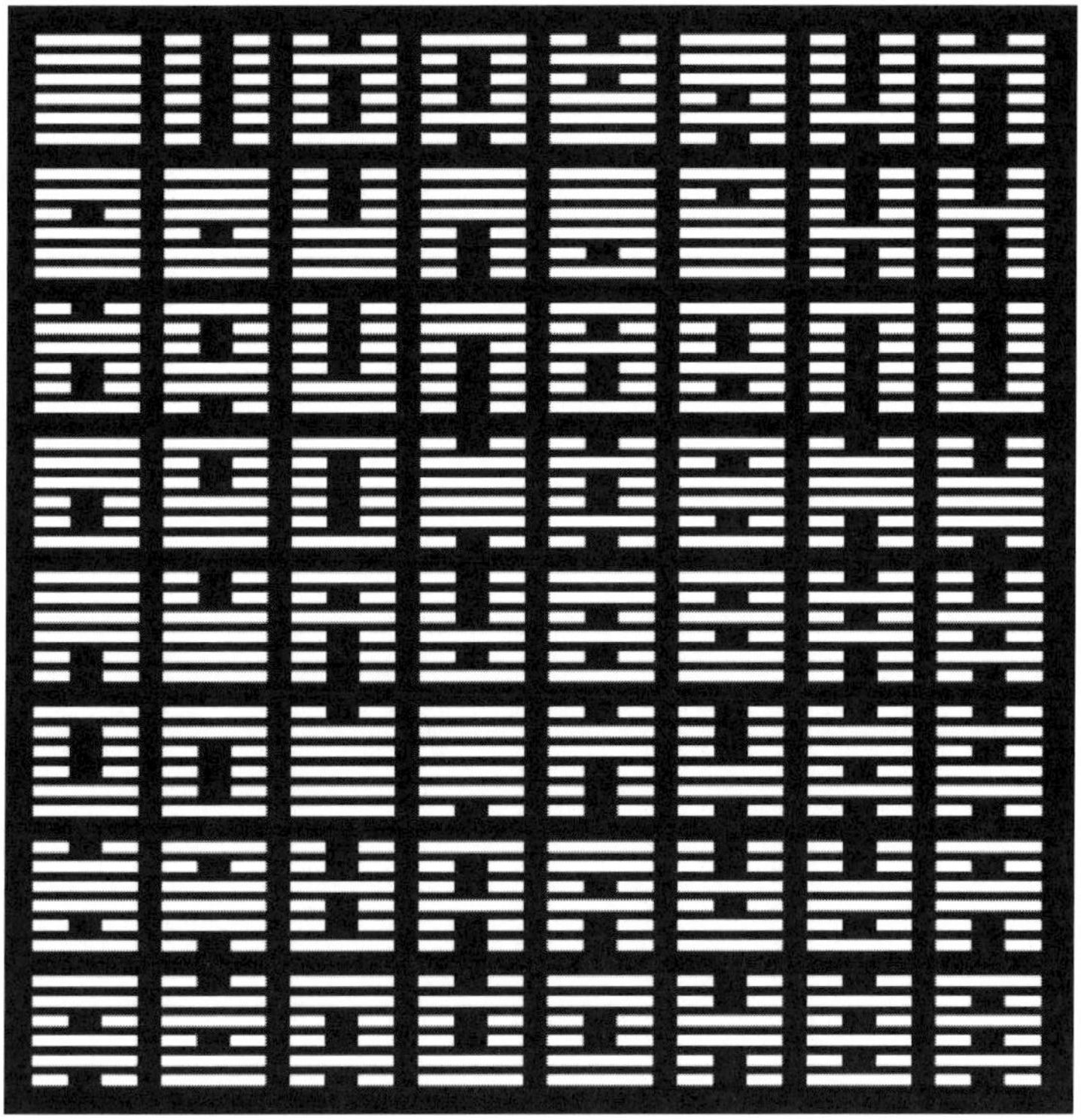

コンピューターが二進法の「0」と「1」で
すべての数字を表現するように、
「陰」と「陽」の二つの性質の組み合わせで
自然界・人事界百般の現象を表現できるのが易。
上の図は易の64卦を陽（▬▬）と陰（▬ ▬）で
表した一覧表。

識がその元の意味に気づくことができるように、その陰と陽の羅列のパターンを八卦に分けて、八卦が作り出すシンボルにさらに編集し直す場合がほとんどだからだ。

簡単な例を挙げると、潜在意識が《自分を偽らずに、心の声に従え》という「風沢中孚《ふうたくちゅうふ》」という卦のメッセージを陰と陽のシンボルの羅列で送ったとする。そのとき「夢の編集室」では、それを「白い服を着た女性がいて、しかも彼女は手に白い羽根を持っている」といったような映像に変換するのだ。

この場合、顕在意識が夢の中で最初に受け取るイメージは白い女性だ。白い女性は、八卦の「兌」が作り出すシンボルである。次に顕在意識が受け取るのは、「羽根」のイメージだ。羽根は八卦の「巽」が作り出すイメージである。この場合、後から出てきた八卦の「巽」、自然界のイメージで言うと「風」が最初の卦（上の卦）となり、先に出てきた八卦の「兌」、その自然界のイメージである「沢」が後の卦（下の卦）となり、「風沢中孚」が導き出されるのである。

同様に夢に白い服を着た女性が現れて、その彼女のそばにユリの花があった場合はどうなるであろうか。既に紹介したように、白い服の女性は「沢」である。ユリは「長い首」を持っているその形から「坎」が作り出すシンボルだ。「坎」の自然界のシンボルは「水」であるから、後から出てきたシンボルを先に持ってきて、「水沢節」が得られる。

秋山氏が、どれだけ複雑怪奇な夢でも「手紙の読み下し文のように簡単に読み取ることができる」と言っているのは、こういうことなのである。

易は先入観を排除するための道具

夢に出てくる不可思議なシンボルの解釈をできるのが、易の強みである。それと同時に易は、夢そのものの意味を教えてくれる。いったい自分の潜在意識の中の、どの心の状態がその夢をもたらしたのかを、的確に言い当ててくれるのが易だからだ。

だが、そのように全くの偶然性に頼った占いで、潜在意識の中の自分の心の状態がわかったりするのだろうか。コイン投げの丁半《ちょうはん》賭博のような易で、夢を解釈することなどできるのか。答えはもちろんイエスだ。というのも、まったくの偶然性で意味を得るからこそ、夢の解釈に感情や先入観が入り込む余地がなくなるからだ。

第2章の「シンクロニシティを起こす方法」で説明したように、先入観がなくなれば、シンクロニシティが起きやすくなる。シンクロニシティは先入観を脱ぎ捨てたときに心の状態がそのまま「意味のある偶然の一致」として現れる現象であるから、易もまた先入観を除去したときに心の状態がそのまま「意味のある偶然の一致」として現れる占いであるはずだ。つまり易自体が、自分の目の前のテーブルの上でシンクロニシティを引き起こすための道具であることがわかってくる。

秋山氏はこれに関連して、「宇宙の法則であるシンクロニシティを、ミニチュアの箱庭で意識的に起こそうとしたのが易なのです」と言う。すべての夢、自分の周りで起きるすべての現象、すべての偶然には意味があるとすれば、まさに易はシンクロニシティそのものなのである。しかし、すべての偶然に意味があるというのであれば、何も易だけが「宇宙の箱庭」でシンクロニシティを起こす道具ではないということになる。秋山氏によると、まったくの偶然性に依《よ》った占いであれば、易でなくてもいいのだという。つまり、市販のタロットカードでも、オラクルカードでもなんでもいいのだ。自分で数字と意味を対応させて、数字で占うこともできる。

秋山氏は次のように言う。

秋山　とにかく先入観を一切排除することです。というのも、シンクロニシティにしろ、易にしろ、質問者の心の状態が反映されるものだからです。たとえば、もし心の奥底に「私はきっと損な人生を歩むに決まっている」とか、「三回くらいはいいことがあるかもしれないけれど、後は悪いことが続いてもしょうがない」といった感情や先入観があると、易ではその通りの結果が出ます。易やタロットカードは、その人の潜在意識の中にある心の状態や動きの表れだからです。下手な性格分析や心理テストよりはるかに正確です。

だからまず不安を取り除くことです。不安があると、その不安が易やタロットカードの結果となって表れます。悪い方へ悪い方へと考える癖をやめる。そのうえで、穏やかな気持ちになって易を立てればいいのです。

秋山氏が言うように、要は、感情や先入観を除いたうえで、自分で質問を明確に設定して、真摯な姿勢でかつリラックスしながら、潜在意識に完全に委ねて占えばいいのである。そのやり方については、既に第2章で説明した通りだ。

潜在無意識が集合無意識になるとき

シンクロニシティの意味を知るにはまず、夢であれ現実であれ、重要な意味が必要なタイミングでシンボルを伴って現れる現象であるということを改めて認識することだ。そのうえで、易をはじめとする「偶然性に依った占い」を使うなどして、その現象を感情や先入観に流されることなく、客観的に解釈すればいい。覚えておくことは、シンクロニシティや、その現象を「箱庭」で起こす「偶然性に依る占い」は、あくまでも潜在意識の心の状態や動きが現象化したものだということだ。

潜在意識はそれほど重要な要因なのだ。シンクロニシティは、潜在意識が私たちに必要だからもたらしている現象なのである。潜在意識は、未来や過去からの情報にもアクセスできるスーパーコンピューターのようなものだ。宇宙が時空を超越して語りかけてくるすべてをキャッチして、それをシンボリックに現象化して私たちの前に見せてくれる。

しかし、潜在意識が引き起こしているのは、私たちの身近で起きる小さなシンクロニシティだけではない。既に説明したように、私たちの潜在意識の集合体である集合無意識も、より大きなシンクロニシティを引き起こす。スポーツの団体競技において、一人だけの信念や確信だけでは勝てないのと同じだ。チーム全員の信念や確信が出そろわないと、「優勝」というシンクロニシティは起こらないのだ。

多くの潜在意識が絡めば、それだけ現象も巨大化し複雑化する。一陣の風がもたらす紙片だけでは済まないのである。時には、巨大竜巻やスーパー台風が巻き起こる。そのため、私たち人類の集合無意識がもたらす大きなシンクロニシティは、私たちの想像を絶する、ありえないようなシンボル性を伴って出現することもある。次の章で説明するが、「蝶」で済んだものが、「モスマン（蛾人間）」となり、「猿」で済んでいたものが、「モンキーマン」となって現れる。さながらそれは「サイケデリックな世界」である。

次章では、人類の集合無意識が引き起こす大きなシンクロニシティについて紹介しよう。

第5章

人類の集合無意識とシンクロニシティ

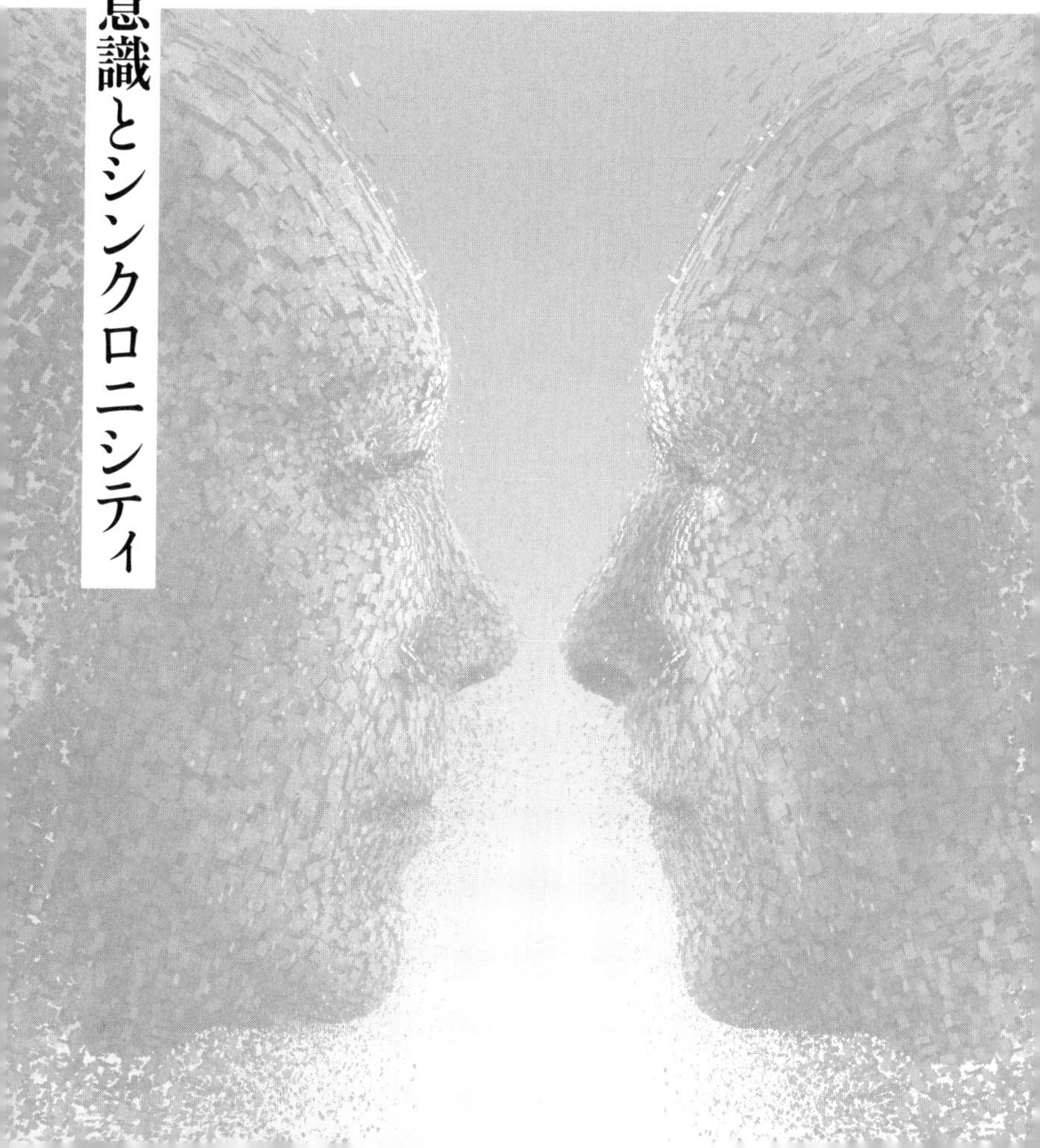

ジンクスは人々の集合無意識によって作られる

「集合無意識」とは、個人の潜在意識の深層に存在する、個人の経験を超越した無意識の集合体のようなもので、ユングが提唱した概念だ。その集合無意識がもたらしたとみられるシンクロニシティは数多くある。たとえば、何十年も何百年も続くジンクスは、そうした大きなシンクロニシティである場合が多い。

二〇一六年十一月二日、米大リーグのワールドシリーズ第七戦で、シカゴ・カブスがクリーブランド・インディアンズとの延長十回の大接戦を制して、百八年ぶりのチャンピオンになった。「ビリー・ゴートの呪い（ヤギの呪い）」が完全に解けたわけだ。

ヤギの呪いとは、一九四五年のワールドシリーズ第四戦でヤギを連れて地元シカゴ・カブスの応援に訪れた酒場店主のウィリアム・サイアニスさん（愛称はビリー・ゴート）が、飼っていたヤギの入場を拒否されて激怒。「カブスは二度とワールドシリーズには勝てない」と呪いをかけたとされることが発端で生まれたジンクスである。実際にそのシリーズのカブスは、タイガースに逆転で敗れ、それ以来七十年間、ワールドシリーズ進出すら果たせない状態が続いていた。

この「ヤギの呪い」は、実は集合無意識とシンクロニシティの関係を知るうえで非常に重要な手がかりを提供している。まず着目すべきは、この物語がどうしてジンクス化したか、ということである。

地元のカブスファンがヤギの入場を断られて呪いをかけた、というシンプルな話は、おそらくその年にカブスが優勝していれば、人々の記憶から永遠に消えていただろう。ところが呪いに予言されたように、カブスはその年、第四戦以降逆転され、最終第七戦で負けて優勝を逃した。すると人々の意識に、カブスが負けたことと、シンプルな物語であるがゆえに記憶に残りやすい「ヤギの呪い」の話が、半ば神話化されて結びつく。淡く神話化されたものは潜在意識に落とし込まれやすいので、「ヤギの呪い」は優勝を逃したことの無念さとともに集合無意識にも深く刻まれる。それにより、その無念さが現実化するシンクロニシティ現象として、「ワールドシリーズで勝てない」という事象を引き寄せるのである。

実際にカブスは、二〇〇三年のフロリダ・マーリンズとのナショナルリーグ（ナ・リーグ）チャンピオンシップシリーズ第六戦では、リードしたままワールドシリーズ進出まであとアウト五つまで迫りながら、ファウルボールを捕ろうとしたファンの妨害によりアウトを取れず（スティーブ・バートマン事件）、ここから逆転負けを喫してしまう。この不運な敗戦が一因となり、あと一歩のところでワールドシリーズに届かなかった。

二〇一五年のナ・リーグチャンピオンシップシリーズでは、奇しくも「ヤギの呪い」のヤギ（マーフィー）と同じ名前を持つ、ニューヨーク・メッツのダニエル・マーフィー選手に四試合すべてで本塁打を打たれるなど、結局一勝も出来ずに完敗している。ワールドシリーズにすら進出できないという悲運が続いた。

「ヤギの呪い」を解いたシンクロニシティ

ではなぜ、ヤギの呪いが解けたのか。実はここにも、シンクロニシティの法則が作用している。第3章で触れたが、「言挙げ」という顕在意識化をすることにより、シンクロニシティを意図的に止めることができるのである。

カブスの選手たちがこの法則を知っていたのかどうかは知らない。だが彼らは、意識下にあった〝ヤギの呪い〟を顕在意識化することに成功したのではないだろうか。ワールドシリーズ優勝に先立つ同年十月二十二日にカブスがナ・リーグで優勝した際、カブスの選手たちはヤギの呪いがあるという歴史を認めたうえで、「俺たちは歴史を作るんだ！」と一致結束したという記事を読んだ。つまりあえて〝ヤギの呪い〟に立ち向かうという言挙げをやったことにほかならない。

同時に、このリーグ優勝を果たした十月二十二日には、別のシンクロニシティがあった。奇しくも呪いの張本人であるビリー・ゴートが四十六年前（一九七〇年）に亡くなった日と一致するのだ。このことは大々的には報じられなかったが、一部のメディアにひっそりと取り上げられた。それによって、「呪いの張本人の亡くなった日に勝ったのだから、呪いが解けたかもしれない」という晴れやかな感覚が、集合無意識に淡く刻まれた可能性があるわけである。また、カブスが二〇一五年ワールドシリーズを制覇すると、一年違いで〝予言〟した映画『バック・トゥ・ザ・フューチャー　ＰＡＲＴ２』の影響もあったかもしれないので、念のために記しておく。

このようにジンクスは、言挙げすることにより効力を無くすことができる。逆に言葉に出さずに、多くの人々の潜在意識の奥底に仕舞ってしまうと、ジンクスというシンクロニシティは半ば神話化して続くのである。「ヤギの呪い」はその好例ではないだろうか。

意識下のパターンと予知のシンクロ

「ヤギの呪い」と同じように、多くの人々の潜在意識の奥底に刻まれ、奇怪なシンクロニシティ現象を起こしたと思われるのが、アメリカの小説家エドガー・アラン・ポーのケースだ。ポーは『アーサー・ゴードン・ピムの物語』という怪奇小説を一八三八年に書いた。その小説では、四人の男たちが海で遭難して、救命ボートで漂流。手持ちの食糧はすぐに底を突き、容赦なく照りつける太陽の下、強烈な飢えと渇きが四人を襲った。その極限状態の真っただ中で、四人はある恐ろしい決断をする。クジを引いて、当たった人間を殺し、その人間を残りの三人が食べることにしたのである。そのクジの犠牲となったのは、客室係のリチャード・パーカーであった。残酷にも彼は殺され、食べられてしまった。

おぞましいシンクロニシティが起こるのは、その小説の出版から四十六年後、ポーが亡くなってから三十五年後の一八八四年のことであった。何と小説とまったく同じ事件が起きたのである。船から投げ出された四人の船員がボートに乗って漂流したのだが、一番年下の船員が殺害され、他の三人に食べられてしまった。しかも、その殺された船員の名前は、リチャード・パーカーだった。

あまりにも出来過ぎた話だったので、一八八四年に開かれた裁判でも、ポーの小説との関連性が取り沙汰された。ところが、三人は教育水準が低く、ポーの名前さえ知らなかったという。つまりポーの小説を真似たわけではなかったわけだ。

ということは、ポーはこの事件が起こることを予知したのであろうか。それとも、ポーが人々の集合無意識の奥底に撒いた種によって、それが現実化したのだろうか。

このケースについて秋山氏がどう思うかを尋ねたところ、「文学作品を通じて、不特定多数の集合無意識にあるビジョンが撃ち込まれることによって、その文学作品が神話化し、その神話のパターンが繰り返されることがあります」とのことであった。また秋山氏はこうも言う。

「ポーが予知したと考えることもできますが、では予知というのは何か、ということになります。予知かシンクロかを分けることに、あまり意味はないんです」

秋山氏が解説するように、そもそも予知自体がシンクロニシティの可能性があるので、どちらかを論ずることには意味がないのである。どうやら「ニワトリが先か、卵が先か」という議論は、シンクロニシティには必要ないようだ。「リチャード・パーカー」というありえない名前の一致も、ポーの予知であると同時に、集合無意識に淡く刻まれたパターンの現実化でもあったと解釈できるのである。

タイタニック号事件と原発事故の相似

次の事例として取り上げるのは、一九一二年に発生したタイタニック号の遭難事件だ。これについては多くの書物などに紹介されている。たとえば、事件が発生する三十八年前の一八七四年、アメリカの女流詩人シーリア・サクスターは客船が氷山に激突し、乗客全員が死亡するという内容の詩を書いている。事件の二十六年前の一八八六年には、今度はイギリスの著名なジャーナリストで能力者でもあったウィリアム・T・ステッドが、客船が衝突事故を起こし、救命ボートが足りずに大惨事となるという小説を書いた。この辺までは、まあ普通にありうる話ではある。

ところが事件の二十年前ごろから、だんだんリアルにシンクロ現象を起こしはじめる。しかも、いま述べたウィリアム・T・ステッドが深く絡んでくる。ステッドは一八九二年にも、『旧世界から新世界へ』という小説を、自分が発行している月刊誌のクリスマス号に発表した。この中でステッドは、ホワイト・スター・ライン社の客船「マジェスティック号」の乗客が透視や自動書記といった能力を使って、氷山に衝突して沈没した別の船の乗員を助けるという物語を書いているのだ。まさにシンクロニシティ現象をテーマにした小説である。

このときステッドは、実在するマジェスティック号（一八九〇年に竣工）を題材にしてこの小説を書いたのだが、現実の世界でも一八九五年にエドワード・スミスという人がマジェスティック号の船長になる。このスミス船長こそ、後に遭難したタイタニック号の船長となった人物だ。ステッドの小説では、透視などによって知った遭難の情報を信じようとしないマジェスティック号の船長を何とか説得して救助に向かわせようとする場面が出てくるのだが、非常にシンボリックだ。というのも、タイタニック号は再三の氷山の警告を軽視して、結局氷山と衝突して沈没するからだ。そしてステッド自身も、二十年後にタイタニック号に乗船して命を落とすことになる。

こうしたシンクロニシティは他の作品でも見ることができる。極めつけは事件発生の十四年前の一八九八年に発表されたモーガン・ロバートソンの小説『タイタン号の遭難』だ。一九一二年に船の重量など一部を改訂しているが、それを除外しても船の名前が酷似しているだけでなく、船籍がイギリスであること、どちらも当時の最先端の技術を駆使して新造された豪華客船で「決して沈まない」という設定になっていること、四月の処女航海で遭難したこと、右舷が氷山に衝突して沈没したこと、救命ボートが少なく多くの犠牲者が出たことなどがほとんど一致していたのである。もうありえないような偶然の一致である。

ポーの小説と同様に、タイタニック号事件のシンクロニシティにも、予知的側面と、潜在意識に刻まれたパターンの現実化の側面の両方が見受けられる。秋山氏はこれに関連して、「大きな事件は、過去・未来の両方に刻まれます。だから予知する人たちも事件発生の手前で出てきます。未来にもまた同じパターンが出現します」と話している。

絶対沈まない、安全だと思われる「最先端科学技術の産物」が警告を軽視したことによって破壊されるという神話的パターンは確かに、人類の集合無意識の中に刻まれているように思われる。ということは、未来においてもタイタニック号のような大事件が起こるというのであろうか。

実はもう既に起きているではないだろうか。一九八六年のチェルノブイリ原子力発電所事故が起きた後も、日本政府及びその関係者は「日本ではそのよう事故はありえない。安全である」と言い続けてきた。ところが安全であると言挙げする一方で、日本各地の原発はたびたび事故を起こし続けてきたわけである。すると、人間の集合無意識の中に「原発は安全ではないのではないか」という思いが深く刻まれる。シンクロニシティの法則を考えれば、それが現実化することは十分にありうることなのだ。そして二〇一一年に福島第一原発でそれが現実のものとなった。

ここから学べる教訓は何であろうか。

一つは、たとえば、少なくとも原発は危険なものであるとはっきりと認識することではないだろうか。「安全、安全」と経文のように唱えては逆効果である。潜在意識はその言葉の中に危険性を淡く感じ取り、それを意識下にしっかりと刻んでしまう。むしろ人類の未来にとって絶対的に危険であると認めたうえで、廃止することを含めて真摯に対策を練るべきである。

「天災は忘れたころにやって来る」とは、シンクロニシティの法則性をよく言い表した言葉だ。もし今後も、「絶対安全」などと言い続けるようであれば、第二、第三の福島原発事故やタイタニック号事件が発生しないとも限らない。

心が機械に影響を与えた！

ここまでは、集合無意識が引き起こすシンクロニシティとしては、まだわかりやすい事例であった。ところが、地球規模の人々の集合無意識を巻き込んだ場合は、それが大きなシンクロニシティになればなるほど、「超ウルトラ起こりにくいこと」が連鎖して起こるようになるのである。それがこれから紹介するケースだ。

二〇〇一年九月十一日午前八時四十六分、ニューヨークの世界貿易センタービルに最初のジェット機が突入した。9・11テロの発生である。しかしながら、それを数時間前に機械が

〝予知〟していたと聞いたら、そんな話を信じることができるだろうか。しかも、その機械に影響を与えたとみられるのが、人類の集合無意識である。これはすなわち、機械と心の間で生じたシンクロニシティということになる。

シンクロニシティ現象に関しては、以前から自然科学系の科学者も注目し、興味を示していた。「パウリ効果」で紹介したパウリは、シンクロニシティに興味を持ち、ユングと一緒にこの現象を研究している。量子物理学者で作家のデヴィッド・ピートも、ユングらに触発されてシンクロニシティに関連する本を多数書いている。

そうした科学者の研究の中で、特に目を引いたのが、米国のプリンストン大学によって行われた人間の心と物質の関係を調べた研究だ。一九七九年、同大学工学部のロバート・ジャン学部長（当時）が「プリンストン変則工学研究所（ＰＥＡＲ）」を創設、乱数発生装置を製作して、人間の意識が電子的な動きに影響を与えることがあるのかどうかを研究した。

この乱数発生装置は、電子のノイズや素粒子（量子）の「トンネル効果」（非常に微細な世界にある粒子が、旧来の科学では乗り越えることができないとされる障壁を、量子効果により乗り越えてしまう現象）を利用して、乱数データを発生させる装置だ。これを使えば、何か人の心に影響を与えるような特別なイベントがあった際、乱数分布の偶然期待値（偶然によって支配される出来事において本来あるべき値）からどれだけ偏差（逸脱）するかを調べることができる。

たとえば、本来ならサイコロの１が出る確率は六分の一だ。ところが、何か大きなイベントがあった場所なり時間なりで、サイコロの確率に顕著な変化があるかどうかを調べてみる。もし、その確率の平均が六分の一ではなく急に五分の一に変化したら、それは「ありえない意味のある偶然の一致」となる。統計上意味のある逸脱があるとみなされ、人の心と物（装置）のつながりを目で見える形で明らかにすることができるのである。

人間が作る「場」が数値を偏らせる

果たして人の意識は、量子に影響を与えることなどできるのだろうか。

ＰＥＡＲは当初、ＰＫ（サイコキネシス。いわゆる念力）を働かせ、乱数発生装置に影響を与える実験を繰り返した。すると、被験者が念じた方向に乱数がある程度偏るという結果を得ることができた。しかし面白いのは、被験者に二、三分間乱数発生装置にＰＫをかけさせ、続く二、三分間休憩させたところ、その被験者が休憩時間も乱数発生器を測定していたことは知らなかったのにもかかわらず、休憩時間の乱数発生装置の出力だけが有意に大きな偏りを示したことであった。つまり意識せずにリラックスしていたほうが、機械の数値に〝異常〟が現れたわけだ。

この被験者の無意識状態における「偏り」に興味を持った超心理学者のディーン・ラディン博士は、人々の無意識が乱数発生装置に影響を与えているのではないかと考え、人々が集まって瞑想するワークショップや、ラスベガスのコメディー・ショーに乱数発生装置を持ち込み、乱数発生器の測定をした。すると、乱数分布の偏りが大きくなることがわかったのだ。どうやら、人々が大勢集まって、陽気に騒いでいるときや親密さに満ちた一体感を感じているときに「偏差値」が大きく変動するようであった。

同様に機械と心の共時的関係に惹かれたプリンストン大学工学部のロジャー・ネルソン教授は一九九七年、「場の意識」がその場に置かれた乱数発生装置に影響を与えるなら、地球規模でも同様な現象が起きるのではないかと考え、「地球意識プロジェクト」と名付けられた実験をスタートさせた。ネルソン教授らは、世界各地に乱数発生装置を設置して乱数を記録、その偏りと地球規模の出来事との関係を調べたのである。

その結果、人々の心の状態に連動して、乱数出力が同調・同期する現象が現れることがわかった。その極め付きが、9・11テロのときであった。その日、ありえないような極端な変動が観測されたのである。しかも、ジェット機突入の三時間前に、乱数出力の分散値はほぼ垂直に上がり始め、約二時間前に一度目のピークを迎える。そして約一時間前には二度目のピークに向けての急激な上昇が記録され、まさにテロ発生の数分前に三度目のピークが現れたのだ（次ページの図参照）。

そしてこの日の変動は、二〇〇一年に測定されたどの日の変動よりも明らかに大きかった。人類の集合無意識は9・11テロの発生を予知し、しかも機械に影響すら与えていたと考えら

9・11テロ当日の乱数出力の分散値の変化

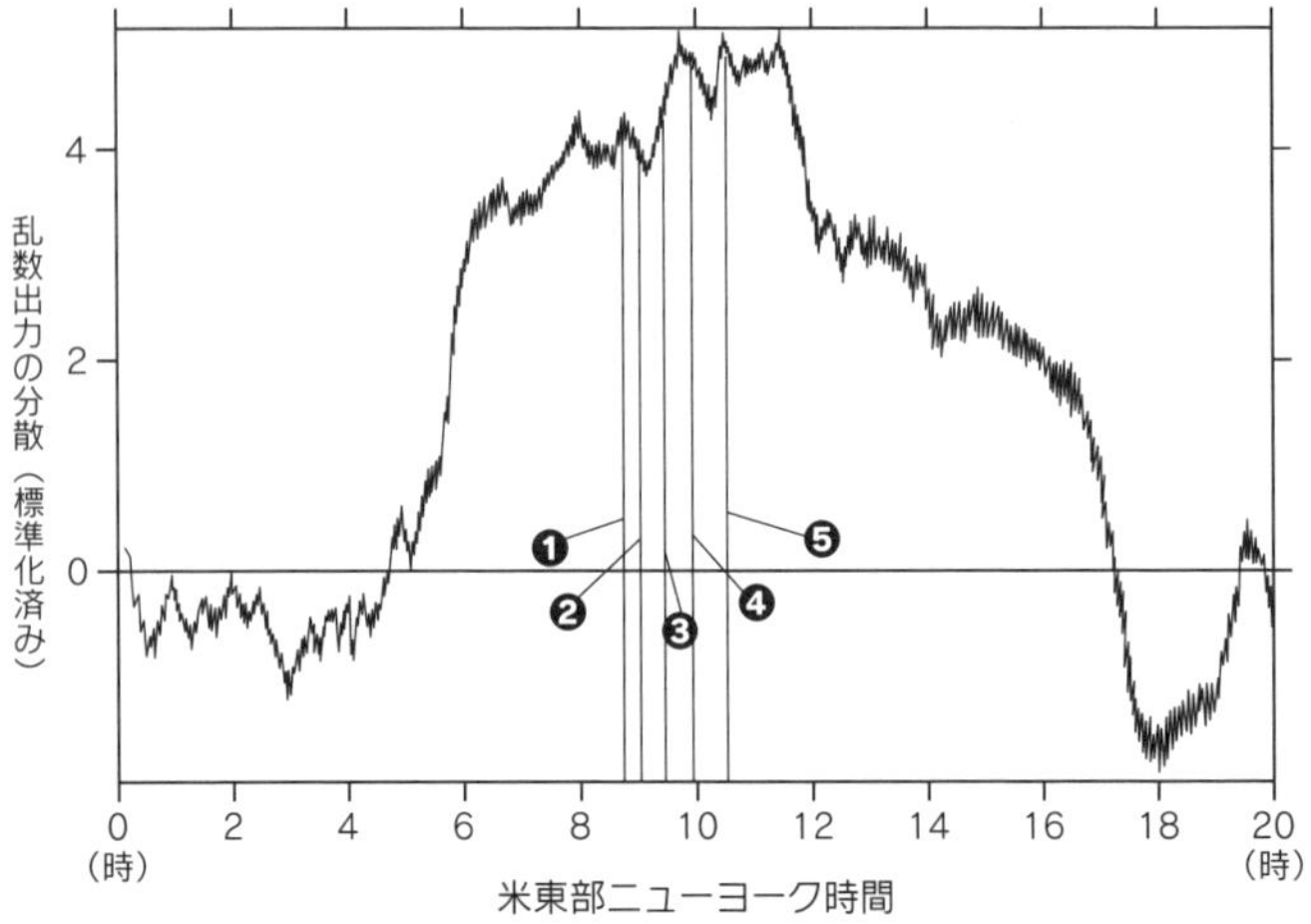

❶1機目のツインタワー北棟への激突＝午前8時 46 分

❷2機目のツインタワー南棟への激突＝午前9時 03 分

❸ペンタゴン本部ビルへの激突＝午前9時 38 分

❹ツインタワー南棟の倒壊＝午前9時 59 分

❺ツインタワー北棟の倒壊＝午前 10 時 28 分

れるのである。

超常的な事象を伴う大きなシンクロニシティ

そのシンクロニシティと人類の集合無意識の関係について、秋山氏は次のように話す。

秋山　人類の集合無意識が絡んだシンクロニシティは、より広範囲に、より多くの人々を巻き込み、そして人々の印象に残る大きな現象として同時多発的に起こります。

一九八五年八月に日航ジャンボ機が御巣鷹山に墜落した事故のときも、虫の知らせで乗らなかった人が複数いたと聞いています。あの事故のシンクロニシティは非常に不気味です。ゼロ戦の特攻隊の生き残りが御巣鷹山のある群馬県上野村の村長で、その村長の特集記事が日航の機内誌『ウイング』に掲載されているときに事故がありました。

墜落した日航機はボーイング社製なわけですが、そのボーイング社の飛行機に対して、日本の特攻隊は戦争中に尾翼に突撃することもありました。尾翼の壊れた飛行機が御巣鷹山に落ちて、その機内誌の記事の特集が奇しくも元特攻隊員であり、かつ墜落現場の村長だったことになります。日航は気味悪く思って、その機内誌を回収したという話です。

こういう不思議なシンクロニシティというのは、実は頻繁に起こっています。たとえば一九九五年にはこのようなことがありました。この年の最初に起きた大きな事件というのは、一月七日午前七時三十七分三十七秒に青森県の八戸沖で発生したM7・2の地震でした。前年の十二月二十八日に起きた地震の最大の余震で、八戸市は最大震度5を記録しました。

発生時間も意味深です。七日の七時で、三十七分三十七秒です。そのようなゾロ目のような数字が出始めたら、シンクロニシティ現象が始まったサインだと思ってください。この八戸の地震の後、八と戸、どちらかでシンクロが起こるだろうと思っていた矢先に起きたのが、それからちょうど十日後の一月十七日に神戸で起きた阪神淡路大震災でした。戸、戸と来たわけです。

とすると、次に地震が来るのはどこか。地震の可能性があって戸と関係があるのは、江戸、すなわち東京に違いないと構えていたわけです。ところが地震の代わりに起きたのが、三月二十日に東京で発生した地下鉄サリン事件でした。

サリン事件の現場は霞が関だけではなく神谷町も含まれていました。神戸以降は「戸」ではなく「神」のほうに、地震から事件へとシンクロニシティが移ったとも考えられるわけです。しかも、サリンが製造されていたのは、山梨県の上九一色《かみくいしき》村。字は違いますが、「上」の音は「カミ」です。

人類の集合無意識が絡んだ大きなシンクロニシティはこのように、常識では考えられないような、超常的な事象の連続として発生します。信じられないようなこと、ありえない確率の事象が、数字などの意味のあるシンボルを伴いながら、奇妙な撚糸《よりいと》を織るようにして広範囲で発生するのが、大きなシンクロニシティです。

「洒落」は潜在意識が発する強烈なシグナル

秋山氏が挙げるような事象例が、人類の集合無意識が引き起こした大きなシンクロニシティだとすると、この宇宙で起こるシンクロニシティは、非常にウィットに富んだ「洒落《しゃれ》」として起こることになる。これではまるで、演芸バラエティー番組と同じではないか。まったくもって「洒落の世界」だ。

だが、私にも思い当たることがある。中学生のときに私の恩師が紹介してくれた、恩師の子供時代の話だ。それによると、恩師の友だちAさんの母親が重い病を患い病床に臥していた。あるとき、その母親が「ベッドで髪をとかしていると、櫛《くし》を落としてなくしてしまった夢を見た」と語ったという。その話を聞いた「霊能力のある別の友だち」が、「Aちゃん、あなたのお母さんは大丈夫よ。だって、『苦』と『死』をなくしたんだもの」と、夢を解釈した。そして、その〝予言〟通り、Aさんの母親の症状は快復、退院して元気に暮らせるようになったのだという。

当然のことながら、中学生だった私は「櫛」が「苦」と「死」のシンボルで、その櫛を夢でなくしたから元気になったのだという話を、そのまま真に受けることはできなかった。しかしながら、あまりにも不思議で印象的な話だったので、その話はいつまでも私の記憶に残ったのである。

印象的で記憶に残る――。実はここにシンクロニシティが引き起こす「洒落の世界」の秘密がある。印象的で記憶に残る物語は神話化され、潜在意識に深く刻まれるからだ。

たとえば、「カエルが鳴くから帰ろう」という洒落歌は、印象的な響きと意味を持つ。すると、「カエル」と「帰る」は潜在意識の中では同じイメージとして同一化され、潜在意識が顕在意識に「帰りなさい」というメッセージを送ろうとすると、実際にカエルが現れるような現象を引き起こすのである。つまり「洒落」は、潜在意識が顕在意識に向けて発する強烈なシグナルでもあるのだ。

潜在意識にとっては、洒落に満ちたシンボルで送るほうが簡単で伝えやすい、と言い換えることもできる。言葉で説明しようとすると、いろいろな感情のフィルターに引っかかってしまって、元の情報が捻じ曲げられてしまう。ところが、単純で印象的なイメージで送れば、元の情報が正確に伝わりやすいわけだ。人類の集合無意識もまた、このような洒落に満ちたシグナルを発する、シンクロニシティ発生器であると考えればいいのである。

集合無意識が騒ぎ出す〝予兆〟

それではなぜ、大事件やイベントが起こる前にシンクロニシティが発生しはじめるのであろうか。秋山氏に聞いた。

秋山　昔、次のような実験をやったことがあります。〝オバケ〟がよく出るという場所に行って、何度もサイコロを振ります。するとサイコロの目が、オバケが出そうな時間になると、ドンドン偏り始めます。ありえないような数字の組み合わせ、たとえばずっと二の目が出続けたり、一の目が出続けたりするようになります。これには、ありえないことが起きようとしているというシンボル的な意味があります。

そうなると皆、注目します。基本的にはラッキーなものを期待します。そのとき、ありえないような、神々《こうごう》しいラッキーなことが起きる場合もあれば、逆にスーパーアンラッキーみたいなもの、たとえばオバケが出てくる場合もあります。いずれにせよ、そのようにサイコロの数字に偏りが出始めるということは、ありえない確率の世界の扉が開き始めていることを意味します。

で、実際に幽霊がポンと出てくるわけです。ＵＦＯも出たりします。そして皆がハイテンションになるようなことがいろいろあって、その幽霊が消えると、また数字の偏りも消えるわけです。私は何度もサイコロで実験しました。それが占いとか陰陽道と言われるものの本質でもあるんです。

では、どうしてそのようなことが起きるかと言うと、大事件が起きる前には集合無意識がそれを察知して騒ぎ出すからです。集合無意識が騒ぎ出すと、「胸騒ぎ」という状態が異常な事象として現実化したり偶然性を偏らせたりします。それは地震でも同じことが言えます。発生する前から、早い場合は何カ月も前から能力者は異変を感じ始めます。同時に周囲で、ゾロ目が目立ち始めたり、ありえないような偶然の一致が起こり始めたりします。そして前日ぐらいになると、その予感は確信に近いものに変わります。

たとえば、二〇一六年四月十四日夜から熊本地方の地震が始まりました。そのときも阪神淡路大震災のときと同じで、能力者は地震発生前から大変騒ぎました。もう二カ月くらい前から「おかしい、おかしい」と言って騒いでいました。

ただし阪神淡路のときもそうだったんですが、熊本の場合もざわつきが激しすぎて、どこかなんて絞れませんでした。それでも地震が近づくにつれ、もう鼻血は出すは、めまいはするはで、大変でした。九州・熊本の地震の場合はめまいが特に激しかったです。くらくらする、焦点が定まらない、後頭部が痛くなるといった症状です。霊感の強い人は、ぴくぴくと痙攣《けいれん》して、ゾワ〜っとなります。熊本の地震は特に「ぴくぴく」がひどかったです。

同様に、何かとんでもない事件が起こるときは、その一年前くらいから異常な出来事が続いたというケースも報告されています。そのことを実際に取材したのが、アメリカのジャーナリスト、ジョン・A・キールです。一九六六年から一年間にわたり、橋の崩落という大事件が起きる前にモスマン（蛾人間）という、空を鳥のように飛ぶ有翼の怪物が目撃されたという事件を取材して本に書きました。

リチャード・ギア主演の映画『プロフェシー』の原作者として、ようやくキールも日本で知られるようになりました。ただ、多くの人はあの映画は全くのフィクションだと思っていますが、原作はノンフィクションで、あそこに出てくるモスマンも実際にそういう目撃証言があったから、キールは書いたわけです。キールは大きなシンクロニシティがどのような現象であるかを調べた草分け的存在です。

実話だったモスマンの目撃と橋の崩落

秋山氏が例として取り上げた、キールとモスマン目撃事件のことは、知らない読者が多いと思うので、詳しく紹介しよう。

キールは一九三〇年三月二十五日、米国ニューヨーク州のホーネル市に生まれた。物心がついたころからアメリカの偉大な魔術師フーディーニを気取り、十四歳で地方週刊誌の読み物欄を書き始め、十七歳になるころには、ペンで一本立ちするほど偉才ぶりだったという。

その偉才ぶりは、朝鮮戦争（一九五〇～一九五三年休戦）の煽《あお》りで軍隊にとられたときにも発揮された。キールはヨーロッパの米駐留軍向けラジオ放送のプロデューサーとなり、『フランケンシュタイン現わる』という劇を実況放送的に演出、オーソン・ウェルズがラジオ番組化してパニックを引き起こした『宇宙戦争』並みのセンセーションを巻き起こしたという。

二十四歳になって、少年の日の夢を追って、カイロを振り出しに、東洋の黒魔術「ジャドウ」を探してイラクやインドを探検。さらには「雪男」を追ってチベットを旅した。そのときの体験を『*Jadoo*（ジャドウ）』という本にまとめ、一躍有名になった。

米国に帰国後は、一九六六年ごろからＵＦＯと超常現象に関する調査を開始する。そして「ＵＦＯ超地球人説」といった独自の説を次々に唱えるなど、最も広く読まれ、影響力のあるＵＦＯ研究家として活躍した。

モスマン目撃事件は、一九六六年十一月、米国ウェストヴァージニア州ポイント・プレザントで初めて、後に「モスマン」と名付けられた謎の怪物（褐色の人間型生物）が目撃されたことを皮切りにして、その周辺で一年にわたってモスマンが二十数回も目撃された事件だ。現地を取材したキールが調査報告をまとめたものが『モスマン・プロフェシー』という本になり、後に映画『プロフェシー』の原作となった。

目撃者の証言によると、モスマンは体長約二メートル。背中には大きな翼があり、その翼をはばたかせることなく、自動車よりも速く飛行することができる。目はギラギラと赤く輝き、目と目の間隔が大きく離れており、また、大きなネズミのように「キィキィ」という鳴き声を発するという。

ところが、ポイント・プレザントの周辺でのモスマン目撃は、一九六七年十一月を最後にパタリと止む。そして最初の遭遇事件から十三カ月後の一九六七年十二月十五日午後五時五分、ポイント・プレザントとオハイオ州カノーガを結ぶ「シルバー・ブリッジ」が、ラッシュアワーの交通量に耐えきれずに突然崩壊、四十台以上の車をオハイオ川の暗い水中へと道連れにして、四十六人の命を奪ったのだ。しかも、その日の夜、事故現場から三キロほど北のキャンプコンリー・ロードでは、十二機のＵＦＯが目撃されたとキールは書いている。

大きな事件・事故の前に現れる、予兆のような異常な事象は、まさしく９・１１テロとその直前に現れた乱数発生値の異常を彷彿とさせる現象だ。ということは、そこには間違いなく共通の法則がある。大事件の前には集合無意識と連動する形で、ありえないような大きなシンクロニシティが発生する、ということだ。つまり、未来に何か大きな事件があるとき、集合無意識はそれが近づくに連れて興奮して騒ぎ出す。集合無意識が興奮すると何が起こるかというと、ありえない世界を引き寄せて、偶然性をどんどん偏らせていくわけだ。

9・11テロ前に起きたインドの怪奇事件

こうした大事件に付随して起こるシンクロニシティには、周期性や時間の問題も絡んでくる。秋山氏によると、二〇一六年の熊本地震の場合は、二カ月ぐらい前から潜在意識が騒ぎ出したという。タイタニック号事件のケースでは、事件発生の三十八年も前から、断続的に事件を予言するようなシンクロニシティが起きている。ということは、事象の規模と、前触れとか予兆のシンクロ現象が起きる時期や期間には何か関連があるのではないだろうか。

ジョン・A・キールの取材では、一九六七年の十二月十五日に米ウェストヴァージニア州ポイント・プレザントの橋が崩落した事件の十三カ月前からモスマンが出現しはじめた。大きな事件で四十六人が死亡しているが、タイタニック号に比べれば規模が大きくなかったので、一年ちょっと前から始まったとも考えられる。つまり重大なエポック的な事件や事故ほど、過去と未来により大きな影響を及ぼすのである。

そうであるならば、おそらく二〇〇一年の9・11テロの際にも、二時間前に乱数発生装置に偏った数値が記録されたほかにも、事件発生のかなり前から異常な事態が世界のどこかで発生していたに違いないのである。

そこで、当時何が世界で起きていたかを調べてみた。そして、見つけたのが、モスマン目撃事件と並ぶ怪奇事件として知られる「モンキーマン事件」であった。

9・11テロの五カ月ほど前に当たる二〇〇一年の四月から五月にかけて、インドの首都ニューデリーで猿（モンキー）のような怪物「モンキーマン」が出没したのである。そのモンキーマンは多くの人によって頻繁に目撃され、死傷者も出たことから、当時は「二〇〇〇年代最大のUMA（未確認動物）騒動」として大きな話題となり、警察も動員された。

目撃者の証言によると、モンキーマンは体長一・二〜一・八メートルほどの「猿のように上半身は毛深く、鋭い爪を持つ怪物」で、証言者の中にはキツネのような鼻をしていたとか、ヘルメットを被っていたと証言する者もいた。夜な夜な街に現れ、外で寝ている人などに襲い掛かり、爪で引っかく、噛《か》みつくなどして怪我をさせ、家屋の屋根伝いに自在に跳びうつって移動したという。この怪物騒動によって死者も出ている。ただし、「モンキーマンが出現した」というパニック状態の中で、慌てて屋根や階段から落ちたもので、実際にモンキーマンに殺されたという人はいない。当時のインドでは、多くのニュース番組で特集放送され、新聞でも大々的に報道された。

9・11テロとインドのテロとの符合

この事件騒動の約一カ月後の六月一日には、極めて異常な殺人事件がニューデリーに近い、インドの隣国ネパールで起きている。ネパールの首都カトマンズにあるナラヤンヒティ王宮で、ディペンドラ王太子（事件直後、危篤状態のまま名目上は国王に即位し、その三日後に死亡）が、実父・ビレンドラ国王ら多数の王族を殺害したとされる事件である。ただし、あまりにも不自然な状況や多くの矛盾点があるため、ディペンドラが真犯人かどうかは疑問視されている。親インド派で事件後に即位したビレンドラの弟ギャネンドラによる謀略説が流れるなど、今でも真相がわからない、陰謀絡みのかなり奇怪な事件であった。

そして、この怪奇殺人事件の約三カ月後に9・11テロが発生、インドの隣国パキスタンが対テロ戦争に巻き込まれるという異常事態にまで発展したのである。

インドで起きたモンキーマン事件やネパール王族殺害事件など、9・11テロとは全く無関係ではないか、と読者の多くは思うであろう。しかし、思い出してほしいのは、シンクロニシティがシンボリックに現れる、それもある種の「洒落」を伴いながら連想ゲーム的に現れるということだ。

実は、シンボル的な意味としては、インドと9・11テロは切っても切れない関係にあるのだ。そのシンボル的な意味を知るには、9・11テロの十六年前まで遡らなければならない。それが、一九八五年六月二十三日にエア・インディアのジャンボ機が北大西洋上で墜落した「エア・インディア182便爆破事件」だ。

これこそ、まさに9・11テロを彷彿とさせるような〝元祖同時多発テロ〟事件であった。

当時インド政府と対立していたシーク教過激派が同機に積載された手荷物の中に仕掛けた爆弾を爆発させ、乗員・乗客三百二十九人が犠牲となった。そして、ほぼ同時刻に日本の新東京国際空港（成田国際空港）でも、エア・インディア機を標的とした爆発物が爆発、空港の作業員を死傷させる事件（成田空港手荷物爆発事件）が発生したのだ。このテロ事件における犠牲者は三百三十人以上に上り、これは二〇〇一年の9・11テロ事件によって記録が更新されるまで、テロ事件の犠牲者数としては最多であった。

つまり、9・11テロの前にインドとその周辺で発生した二つの怪奇事件はそれぞれ、〝元祖同時多発テロ〟のような事件が発生していることと、陰謀が絡んでいる可能性が高いことによって、深く結びつく。ということは、9・11テロの前触れのようにして起きたシンクロニシティであったと解釈することができるわけだ。

このような解釈は、こじつけではないか、とみる向きもあろう。しかし、潜在意識がもたらす夢の解釈を思い出してほしい。先に穴の開いた槍は、ミシン針の先に穴を開けるというシンボルであった。尻尾を噛んで輪になったヘビは、ベンゼンの構造式に変わる。モンキーマンの出現というインドの異常事態は9・11テロの異常さのシンボルであり、ネパール王族殺害事件は9・11テロ陰謀説のシンボルとなる。そこには象徴としての意味が厳然と存在するのである。

集合無意識からの情報を正確に把握する

秋山氏にモンキーマン事件が9・11テロの前触れ的なシンクロニシティ現象であったのではないか、と尋ねたところ、次のような答えが返ってきた。

秋山　間違いなくそうだと思います。ある特定の地域で大きな事件があるときには、その地域の周辺や関連する地域でモスマンやモンキーマンが出現するなど、ありえないような現象が頻発するようになるからです。しかし、モスマンやモンキーマンは、本当は人々に怖がられるような怪物ではないんですね。実際、だれもモスマンに殺されたり、怪我を負わされたりしていないし、モンキーマンも引っ掻かれたと主張する人もいましたが、驚いて梯子から落ちて怪我したとかいう偶発的な怪我だけで、モンキーマンが意図的に危害を与えたという信頼できる報告はないはずです。モスマンとモンキーマンは、ありえないような確率の事件や災害が未来に起こるという、危険を知らせるシンボルです。モスマンが出現するような、前代未聞の事件が近づいていることを警告するシンボルです。

布施　すると、もし誰かが、そのシンクロニシティの意味を正確に把握していたら、すなわちモスマンが、危険が差し迫っていることを知らせるシンボルとして出現したことをちゃんと理解していれば、ポイント・プレザントの橋が崩落する前に、誰かが橋のきしみ具合がおかしいことに気がついて橋を修復し、大惨事を避けることができたかもしれないということになります。ニューデリー周辺で起きた奇怪な事件も防げたかもしれない。

秋山 十分に考えられますね。「何か危険が迫っている。危険、危険」と言挙げすればいいんです。顕在意識が認識すれば、防げることも多いはずです。

布施 他の本に書いたので詳しくは説明しませんが、秋山さんが二〇一二年九月二十三日にUFOからのメッセージを自動書記した内容もそうでしたね。「危険、危険」というメッセージでしたが、易で占ったら、《大変な事態が迫っているが、勇気をもって撤退しろ》という「天山遯《てんざんとん》」という卦が出ました。あれもたしか危険を顕在意識化したことによって防げた、との解釈でした。

逆に言うと、そのシンボルの意味がわからなかったり、間違って解釈したりした場合はトンチンカンな方向へ行ってしまうわけですね。あるいは、シンクロニシティ現象自体を否定してしまえば、まさに猫に小判です。

秋山 そうなんです。シンクロニシティを利用しない手はないんです。事前に何か大きな出来事が起きる前には集合無意識が必ず騒ぎ出しますから、それを的確に判断して、正確にメッセージを読み取れば、シンクロニシティを大いに生活や人生に活用することができます。人生の転機や人類の歴史の岐路で、誤った判断をしなくて済むわけです。

おそらく個々人の潜在意識の奥底に〝意思〟があるように、人類の集合無意識の奥底にも〝意思〟はあるのだろう。秋山氏の説明を聞いていると、その〝意思〟は、人類が必要だと思われる情報を人類の顕在意識にシンボルという形で送ろうとしていることになる。それがシンクロニシティの本質なのではないだろうか。つまり超常的な現象が発生する大きなシンクロニシティは、人類の集合無意識が人類に対して必要だから見せるシンボルに富んだ「夢」のようなものなのだ。

私たちがいつも戸惑うのは、その情報の奇抜さと膨大さだ。夢が一回限りで刹那的な情報をもたらすことが多い（もちろん数次にわたり同じ夢を見ることもある）のに対して、シンクロニシティは長期間、広範囲にわたり繰り返し発生し、しかも超常現象的である。言い換えれば、超常現象ほどシンクロニシティと切っても切り離せないものはほかにない、ということがわかってくる。

科学を根本から変革する可能性も

シンクロニシティの研究がこのように大きな広がりを見せるとは、一体誰が想像したであろうか。人間の心が機械に影響を与える、つまり機械と心の間でシンクロニシティが起こる——

おそらくシンクロニシティの名付けの親であるユングすら考えつかなかっただろう。しかも地球規模で、人類の集合無意識がシンクロニシティ現象を引き起こすのである。

人間の心が機械に影響を与えるのであれば、スプーン曲げなどの超能力や怪奇現象出現といった超常現象もシンクロニシティで説明できるかもしれない。加えて、潜在意識が大事件や危機的状況を未然に察知することができるのならば、何らかの未来予知も可能になるはずである。

実はユングも、シンクロニシティの研究を進めれば「心的な出来事との『非因果律的』な一致、すなわち共時現象、とくに念力なども、理解可能な現象となるにちがいない」（ユング『空飛ぶ円盤』松代洋一訳）と書いている。ユングも、シンクロニシティ現象が及ぼす影響の可能性に気がついていたのだ。予知、念力、テレパシーといった超能力や、UFOや幽霊、輪廻転生といった科学では説明できない超常現象の数々も、シンクロニシティという未知の〝力〟の謎に迫ることによって、そのメカニズムや法則を解明することができるかもしれないわけだ。

明治大学情報コミュニケーション学部メタ超心理学研究室の石川幹人《まさと》教授も、ユング的な〝意味〟の定義を明確にすべきだと断ったうえで、「シンクロニシティは一見突飛な理論に見えるが、深く考えると、超心理学の諸理論と関係づけられ、理論を整理するうえで有効なものである」と、ネット上に公開している「超心理学講座」で述べている。

間違いなく、シンクロニシティには、この宇宙に存在する未知の法則の謎を解くカギがある。科学を根本から変革する可能性すらもっている。ということは、シンクロニシティには人類の未来を決める秘密のカギが隠されているということにほかならない。

そうならば、一体どうやって、個々人の潜在意識はありえない確率の事象を引き起こし、人類の集合無意識は超常的現象を発生させることができるのだろうか。次章では、シンクロニシティのメカニズムの謎に迫っていこう。

第6章

メカニズムがわかれば、世界が変わる

引っ張ってきて起こす、それがシンクロニシティ

シンクロニシティがあることや、しかも法則性があるということは経験的にはわかっていても、理論的になぜシンクロニシティが起きるかは、実はまだわかっていない。しかしながら、勘のいい読者ならうすうす気づいていると思うが、「自分の世界」と「他の世界」が交錯して起こるのがシンクロニシティである、という可能性が一番高いのだ。

第2章において筆者は、先入観や執着を捨て去ったうえで淡く思ったことは潜在意識に刻まれやすくなり、その潜在意識に落とし込まれた「淡い思い」を実現させようとして潜在意識がシンクロニシティを引き起こすのだと書いた。この「引き起こす」という言葉に、シンクロニシティのメカニズムを理解する手掛かりがある。つまりシンクロニシティという現象には、引っ張ってきて起こすという作用が働いているのではないか、ということだ。また「引き起こす」は、「惹き起こす」とも書く。何かそこには「惹かれる」というような作用が起こっているのだ。

その例を挙げよう。第4章「シンクロニシティの読み方・解き方」で紹介した「ラシュディの車」や「プラム・プディング」を思い出してほしい。この二つのシンクロニシティは、どちらも引き寄せられるようにして発生している。前者は、危険な事故を起こす可能性のある「ラ

シュディの車」の「場」が、ジョセフの「場」に近づいたことによって起きた。つまり、二つの「場」が引かれ合うように接近して交錯したことによって起きたわけである。「ドゥ・フォルジボー氏」もデシャンがプラム・プディングを注文しそうになると、それに惹かれるようにして現れ、デシャンも「ドゥ・フォルジボー氏」が現れそうになると、それに惹かれるようにしてプラム・プディングを注文したくなったのだ、と解釈できるのである。

たまたま一本前の電車に乗ったお蔭で、会いたい人に出会えたというシンクロニシティも同様である。潜在意識は未来で起きることを感知する能力があるので、会いたい人の「場」が自分の「場」に近づいていることを予知的に感知する。そこでその二つの場が交錯できるよう、何となく一本早い電車に乗りたくなるように潜在意識が誘導するわけだ。つまり、「自分の世界」と「他の世界」を交錯させるために、「引っ張ってきて起こす」のがシンクロニシティの本質なのである。

集合無意識が「別の世界」を引き寄せる

このように考えると、モスマンやモンキーマンが飛び回り、UFOが飛び交うような世界が、私たちの世界に出現することも説明できるようになる。どういうことかというと、なにも人類の集合無意識がモスマンやモンキーマンという怪物を造り出しているわけではない、ということとだ。人類の集合無意識は、この世界には存在しない怪物を「別の世界」から引っ張ってきただけなのである。

ここに私たちが住む世界がある。その世界に並行して「別の世界」があると仮定する。その「別の世界」というのは、モスマンが出現し、UFOが飛び交うような世界だ。あるとき、人類の集合無意識が何か「とんでもないこと」が近い未来に起きることを察知したとしよう。それが言葉では伝えられないとしたら、シンボルで伝えるしかない。

では、その「とんでもないこと」が起こることをどのようなシンボルで送ればいいのだろうか。そのとき人類の集合無意識は、私たちの世界と並行して存在する「別の世界」を引き寄せて、私たちの世界と交錯させて、その「別の世界」に住むモスマンやモンキーマンを、「とんでもないこと」が発生する地域や、シンボリックに関連する地域で出現させたのである。

秋山氏も同じような考えを持っている。

秋山　シンクロニシティは、まだまだいろいろな角度から精査されなければいけません。でもこの問題だけは、体験した人はよくわかっているはずです。私の頭の中で最近把握しているモデルでは、やはりこの世に隣接して、そういう激しい偏りのグラデーションの世界がいくつもあるのではないか、ということです。

シンクロニシティには、その異なる世界が交差したり、交錯したりするような瞬間があるわけです。つまり、奇跡しか起きないような世界があります。それは私たちの世界から見れば、ものすごく偏った世界です。その世界が、私たちの世界と絡み合うような現象が起きるのが、集合無意識によるシンクロニシティではないでしょうか。

しかしながら、秋山氏が言うように、本当にこの世界に並行して「別の世界」が存在するのであろうか。しかもそのような「別の世界」が私たちの世界と交錯することなどあるのか。

実は、近年の理論物理学では、私たちの宇宙に並行して別の宇宙「並行宇宙（パラレルワールド）」が多数存在するかもしれないと考える科学者も登場してきた。どうしてそのような仮説が生まれたかというと、天文学者が宇宙を観測しているうちに、渦巻き銀河の回転速度や、銀河団の中の個々の銀河の運動速度が、現在私たちが観測して知っている「目に見える物質」の重量だけでは説明できないことに気がついたからだ。

本来なら銀河系円盤の回転速度は、外側へ行くほど中心方向に引かれる力が弱くなり、回転速度が遅くなるはずである。ところが、銀河系円盤の回転速度は、中心部を除いてどこでもほぼ一定になっているのだ。ということは、「目に見えない物質」が銀河の渦のずっと外側まで存在して、回転速度に影響を与えていることになる。その物質こそ「ダークマター」と呼ばれる未知の物質である。

このダークマターの出所が、並行宇宙である可能性があるのだ。通常、二つの宇宙は別の次元にあるので、原子が行き交うことはない。だが、重力だけは並行宇宙の間を飛び越えて、お互いに影響を与えてしまうのだという。つまり、私たちの銀河の背後には「見えない宇宙」の「別の銀河」が隠れており、私たちの銀河に影響を与えていると考えられるわけだ。

こうした理論をさらに発展させて、法則の異なる宇宙が無数に存在するという「多宇宙（マルチバース）理論」や、私たちの宇宙は集合の一要素にすぎないという「超宇宙（メガバース）理論」が生まれた。

これらはまだ、ただの理論にすぎない。だが、もし多宇宙構造があるとして、それらが影響を与え合っているのならば、「この世界」と「別の世界」が交錯することは十分にありうることだ。

様々な濃淡を持つ無数の世界がある

この多宇宙構造や超宇宙構造について秋山氏はどう考えているのだろうか。

秋山　やはり宇宙は一つではなく、ブドウの房のようにいくつもの宇宙が集まった構造になっていると思います。その中には、奇跡のようなことしか起こらないような世界があるかと思えば、私たちの世界のように、奇跡が起こったり起こらなかったりする中途半端な世界があります。あるいは、奇跡を含め精神世界的なことがまったく起きない、唯物的な世界もあります。そういった世界がいくつもあるわけです。

その複数の世界がそれぞれの世界の潜在意識や集合無意識と連動して、その戸口が開いたり閉じたりします。私たちの世界では、「けっこう、そういうモノが起きてもいいんじゃないかな」という意識があって、その意識がその空間の戸口を開けるわけです。そうすると、非常に偏ったモノがやってきます。

でもこっちの世界に来ても、偏っている世界から来ている者にとっては、この世界はおそらく、岩盤の中をくり抜いているような固い世界です。だからすぐに戻ってしまいます。

一方で、コンクリートだらけのガチガチに固い世界もあるわけです。その世界の蓋も開きます。そうすると、「この宇宙は数字で出来ています」みたいなことになります。やはりマルクスでしょ、唯物でしょ、みたいなことになります。

だから私たちは、非常に中途半端な世界に住んでいる「辛《つら》さ」と「面白さ」を持っています。「UFOを呼べ」と言われても呼べない辛さと、「UFOを見る」と皆が決めたらUFOが出現するという面白さが同居しています。

私から見て辛い部分は、コンクリートのようにガチガチに固まった物質中心の世界だけを見ることです。そうすれば、その人にとって正しいのは唯物論で、やはり物差しでモノを測り、数値化することによってすべてを解明しようとします。そして明確に言語化し、一つの言葉には一つの意味しかないことになっていきます。サイコロの目にも意味はなく、ゾロ目もただの数字の羅列です。その世界の住人にとっては、そういった学問がとても楽しく、今ある唯物的な科学が絶対的にすべてをリードできる基準となり、ある意味、わかりやすい世界となります。だけどそのような世界は、宇宙を構成する一因子にしか過ぎないのです。

秋山氏によると、この宇宙には、物質偏重の世界から精神偏重の世界までの様々なグラデーションを持つ、無数の世界が存在するという。その世界の扉が、私たちの意識に連動して開いたり閉じたりすることにより、その世界の住人がこの世界に顔を出したりするというのだ。つまり、その濃淡の異なる、別の次元世界同士が交錯する瞬間、あるいは交錯している間に発生するのが、集合無意識による大きなシンクロニシティというわけである。

「フラットランド」で起きた超常現象

イギリスの量子物理学者で作家のデビット・ピートもまた、シンクロニシティが別の次元世界同士が交錯してシンクロニシティが発生しているのではないか、と考えた一人だ。ピートは自著『シンクロニシティ』の中で、よく別次元の世界がこの世界ではどのように見えるのかという仮説を説明する際に使われる「フラットランド」の住人たちの寓話を披露している。

フラットランドとは、すなわち二次元世界のことだ。この二次元世界に三次元の球体が現れたとき、二次元世界の住人にはこの球がどのように見えたかというと、171ページの右側の図に描かれているように、最初は点で現れて円となり、それが段々大きくなって、球の直径と同じ長さの円となった後、今度は次第に小さくなり、最後は微小な点となって消えてしまう。

同様に三次元のパイプが二次元世界の住人にどのように見えたかを示したのが、左側の図である。フラットランドにいる人たちは、パイプが自分たちの世界を通過しているなどとは、まったく気がつかない。最初に円が現れたかと思うと、ちょっと離れたところにパイプの弦《つる》にあたる楕円状や長方形の形がシンクロして現れたりして、全体の形など想像もつかないはずだ。彼らにとって、形が異なるうえ、何の因果関係や由来もないと思われるものが、なぜ同時に複数の個所で現れるのかまったくわからず、超常現象というほかないわけである。

これと似たような現象が、ポイント・プレザント周辺や、インドのニューデリー周辺で起きたわけだ。何よりも、じわじわと起こり、次第にあちらこちらで現象が現れ、最後はフェイドアウトしていくという、このパターンが、「モスマン目撃事件」のような、非常に大きなシンクロニシティ現象が起きるパターンと非常によく似ているのである。

おそらくシンクロニシティ現象は、ピートの寓話的モデルに出てくる球やパイプのように、球体もしくは立体的なアメーバーのような形のものが、この世界と交錯することによって発生するモデルを考えればいいのではないだろうか。

アメーバーはまるで触手のように仮足《かそく》を突き出して、この世界に現れる。キールの『モスマン・プロフェシー』で言えば、最初は大災害の十三カ月前にモスマンの目撃という形で現れるわけだ。やがてそれは、一カ所ではなくポイント・プレザントの周辺で次々に現れる。フラットランドで言えば、ちょうど点が円に膨らんでいくときだ。それと同時に、ポイント・プレザント周辺の住民たちはUFOを頻繁に目撃するようになり、ポルターガイスト現象などの異常現象も増えていく。それらの超常現象は、「フラットランド」において段々と大きくなる円とは別のところで出現した、パイプの柄に当たる楕円形や柄の先の部分の現象だと思えばいいだろう。

やがて出現した円は最大となり、異常現象がピークを迎える。そのときポイント・プレザントの橋が崩落するという「とんでもない大事件」が起きるわけである。やがて大事件を境にして、円は段々と小さくなり、最後は何事もなかったかのように異常現象は姿を消す。

ポイント・プレザントの住人にとって、橋の崩落事件と、モスマンやUFOの出現、それにポルターガイストなどの異常現象は、まったく関連性がないように思えたはずだ。それは、パイプが通過するときにフラットランドの住人が、突如現れた円と楕円形に何らつながりがないと考えたであろうことと同じだ。

二次元世界に三次元の物体が現れると……こう見える

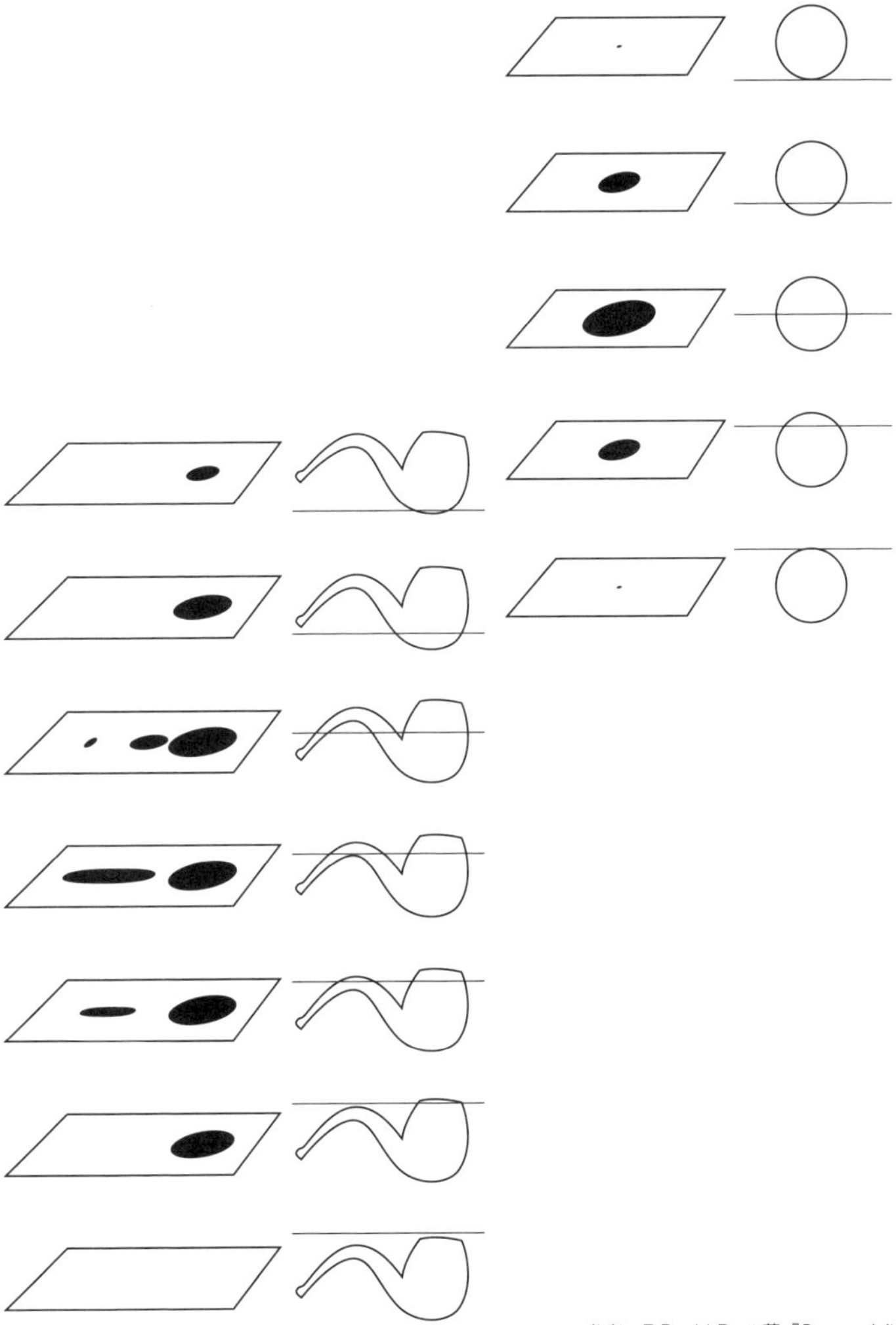

参考　F.David Peat 著『*Syncronicity*』

プラトン周期のシンクロ現象も起こりうる⁉

　このように考えると、シンクロニシティ現象の本質が見えてきたような気がしてくる。つまり、無数の世界が存在するこの宇宙には、モスマンやＵＦＯの出現という、ありえない現象の塊《かたまり》（「別の世界」）があり、それがまるでアメーバーのように仮足を突き出しながら、時空を超越して存在しているのである。それが「この世界」の集合無意識と連動して、あるいは集合無意識と響き合う形で引き寄せられ、交錯するのである。

　私たちの潜在意識や集合無意識が、時空間を超越して同時に存在できる可能性があることは既に示した。ならば私たちの潜在意識や集合無意識は、「別の世界」へも自由に出入りできるのではないだろうか。だからこそ、ポイント・プレザントの橋が崩落するという未来を予知して騒ぎ出した人類の集合無意識は、その「とんでもないこと」とシンボリックに響き合う「モスマンのいる世界」を引き寄せたのだ。

　ただし、もう一つの可能性もある。シンクロニシティには、「ニワトリが先か、卵が先か」は意味がないという考えは、既に秋山氏の説として紹介した。ということは、人類の集合無意識が引き起こす以外に、何か「とんでもないこと」が起きる「別の世界」が、惑星の公転周期のように、ある周期性を持って、私たちの世界と交錯するような現象があることが考えられるのだ。

それはある種の軌道共鳴のような現象かもしれない。軌道共鳴とは、天体力学において、公転運動を行う二つの天体が互いに規則的・周期的に重力を及ぼし合う結果、両者の公転周期が簡単な整数比になる現象のことだ。たとえば木星の三つの衛星イオ、エウロパ、ガニメデの間に軌道共鳴が起きており、イオの公転周期を1とすると、エウロパは2、ガニメデが4となる。言い換えると、イオが木星の周りを二周すると、ちょうどエウロパの周期と同じになる。イオから見れば二年に一回、エウロパと最接近するという現象が起こることになる。

それと同様に、それぞれの世界には、それぞれの「物質と精神のバランス」の配合具合の濃淡があると同時に、惑星の公転のような周期性があるのだ。それが、それぞれの世界の住人の集合無意識によって周期的に交錯するような現象を引き起こすのかもしれない。そうなると、たとえば二千六百年に一度、「とんでもないこと」が起きる「別の世界」が、私たちの世界と交錯するような現象が発生するわけだ。それがポイント・プレザントの橋の崩落事件を起こした、と解釈することもできる。

このような発想を展開したのが、古代ギリシャの哲学者プラトンである。彼は歴史とは循環するものと考え、その周期を三万六千年と試算した。それが「プラトン周期」とも「プラトン年」とも呼ばれる、この世界が持つ周期だ。現在では一般に、春分点が歳差によって黄道を一周するのに要する時間である二万五千九百二十年が「プラトン年」とされているが、元々は地球をめぐる八天体（太陽と七惑星）が元の位置に戻るのに要する時間である三万六千年が「プラトン年」とされ、宇宙の更新が行われる聖なる周期と考えられていたという。

そのような長大な尺度の時間軸で発生するシンクロニシティがあるのかどうかを私たちが調べるのは、ほとんど不可能に近い。だが、一つの可能性として、今後のシンクロニシティの研究課題となるのではないだろうか。

いずれにしても、宇宙というおもちゃ箱には、ありとあらゆる可能性を満たす世界が内包されているのだろう。だからモスマンが出現し、ＵＦＯが飛び交うような世界が存在するのだ。

潜在意識の流れを止める「先入観の栓」

話があまりにも壮大になりすぎたので、テーマを身近なシンクロニシティのメカニズムに戻そう。

第４章で秋山氏が顕在意識と潜在意識の関係を説明するために使ったモデルに少し改良を加えようと思う。と言っても、潜在意識と顕在意識の位置関係を上下逆にしただけの改良図だ。なぜこのように上下を逆にするかというと、そのほうが、なぜ淡い思いが潜在意識に刻まれやすくなるかがイメージしやすくなるからだ。

次ページの図を見ればわかるように、それは水の中と同じだ。軽いものは浮かび上がり、重

潜在意識と顕在意識

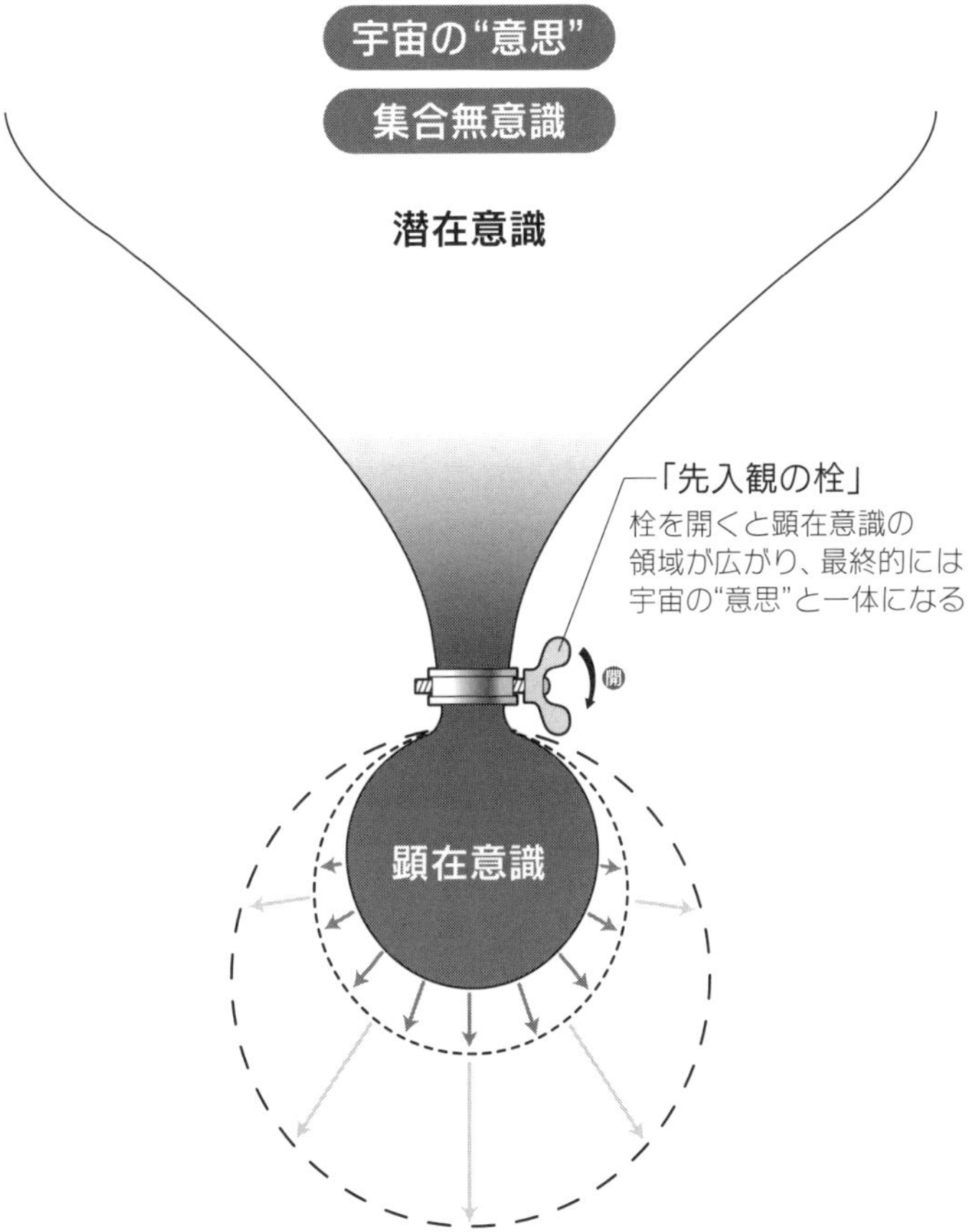
宇宙の“意思”
集合無意識
潜在意識
「先入観の栓」
栓を開くと顕在意識の
領域が広がり、最終的には
宇宙の“意思”と一体になる
開
顕在意識

いものは沈んでいく。思いが淡ければ、つまり他に余計な感情という重しが付いていなければ、顕在意識から潜在意識へと浮き上がりやすくなる。ところが、何か余計な感情がその思いに付着すると、せっかくの思いも浮かび上がれなくなり、逆に顕在意識の底に沈滞してしまう。しかもその際、「思い」の表面に付着した感情の泡だけが浮上する、という現象が起きるのである。

すると、この逆さにした徳利の首のような部分が何であるかもわかってくる。実は、この首の部分の大きさによって、私たちの世界の大きさも決まるのである。簡単に言うと、先入観が強ければ強いほど、この「首」は細くなり、潜在意識の世界とつながらなくなるのだ。「首」が狭くなれば、潜在意識が送ろうとする「夢の編集室」の情報も詰まりやすくなり、顕在意識に伝わりづらくなるという現象が起きる。逆に先入観が少なくなければ、「首」はどんどん太くなり、顕在意識と潜在意識の間の情報伝達がスムーズに行われるようになり、それだけ「思い」が実現しやすくなるとともに、潜在意識から未来の情報も得やすくなるのである。つまり、潜在意識と顕在意識をつなぐ通路である「首」には、先入観によって開け締めできる「蛇口の栓」が付いているようなものなのだ。

このモデルを使えば、たとえば秋山氏が表現した「奇跡を含め精神世界的なことがまったく起きない、唯物的な世界」を描写することも簡単になる。つまり蛇口の栓を「強固で強力な固定観念」によって完全に閉めた世界のことだ。蛇口の栓を完全に閉めれば、胸騒ぎなどの予知能力もなくなり、夢さえ見なくなる。そこに存在するのは、唯物の世界であり、機械的な凝り固まった世界である。

その世界では、物質から離れた霊魂・精神・意識を一切認めず、「意識」は高度に組織された物質である脳髄の所産にすぎなくなる。また「認識」は、客観的実在の脳髄による反映であるとしか考えないのだ。すべてが、脳という物質が作り出す「解釈」のようなものであるとみなすわけだ。

その唯物論的な世界は、先入観で「蛇口の栓」を少し締めるだけでも広がり始める。たとえば「UFOなど飛んでいるはずはない」とする先入観は、仮に自分の目の前にUFOが現れたとしても、脳が作り出した「目の錯覚」のような現象にしてしまう。そして実際に、脳が作り出した「UFOの幻覚」をそこに見るのだ。

大勢でUFOを目撃した場合も同じである。実際にUFOが現れても、それは「集団ヒステリー」のなせる業《わざ》ということになる。テレパシーも「気のせい」であり、「曲がるはずのスプーン」も「曲がるはずのないスプーン」に変わる。シンクロニシティも起こりづらくなり、ましてや「夢のお告げ」など論外だ。

さらに問題なのは、固定観念を強く持つ人は、自分が固定観念を持っているとは思わないという固定観念を持っていることだ。だから何か超常的なことが発生しても、すべて「集団ヒステリー」の類にして片づけ、自分は正しいと思い込む。しかし、仮にあっても認めないという態度を見ると、「集団ヒステリー」を発症させているのは、超常現象はないという固定観念を持ち続け、オカルトを全否定する人たちのほうではないかと思えてくるのである。

別にオカルト否定の世界を否定するつもりはない。潜在意識を固定観念でブロックすれば、閃《ひらめ》きも起こらないし、シンクロニシティによる有益な情報も得ることはできなくなると指摘しているだけだ。それでもいいというのなら、そのように暮らせばいいだけの話である。

対極には想念がすべて現実化する世界がある

一方、私たちの観念に付着した先入観を一つ一つ脱ぎ去り、少しずつ栓を開けたらどうなるだろうか。ありえないと思っていた現象の可能性を認めれば認めるほど、それは可能な現象として現れる。それこそ昼間からＵＦＯが飛び交い、幽霊やモンキーマンが跳びまわるような世界になる。

スプーンは何もしなくても曲がり続け、宇宙の果てと果てにいても、テレパシーで交信できるようにもなるだろう。シンクロニシティも発生し続け、超能力も当たり前の能力となる。そうなれば人類も、他の惑星に瞬間移動できるようになるかもしれない。

では、栓を完全に開放したらどうなるのか。あらゆる先入観をまったくなくした場合だ。まず、開かれた栓からどんどんと潜在意識の世界が流れ込み始める。前述したように、不可能だったことも次々と可能になっていく。すると、顕在意識の世界は、まるで風船のように膨れ上がっていき巨大化するだろう。そしてついには、潜在意識の世界と顕在意識の世界が一体化するのである。

そのとき、世界はどうなるのか。ストックホルムの火事を霊視した、前出のスウェデンボルグが「霊界」に行って見聞きしたように、「思ったことがすぐに現実化する霊界」のような世界となる。心の中に思い浮かべさえすれば、その相手の「霊」は、自分の目の前に姿を現す。知覚、記憶、想像に基づくすべての想念が、そのまま表象として現れる世界だ。潜在意識が望んだものはすべて、瞬時に現実化する。言い換えれば、そこにはシンクロニシティしか存在しない。まさにシンクロニシティだけの世界だ。

たとえば、スウェデンボルグが「霊界」に初めて訪れたときのことだ。彼は最初、眼の前に広がる「精霊たちの野原」を眺めていた。ところが、その野原を取り囲んでいる「巨大な峰々の連なる山脈」が突如動き出し、自分のほうに迫ってくるという体験をする。そして巨大な門扉が開くように、二つの巨大な山が左右に開いていくのを見た。

この不思議な体験についてスウェデンボルグ自身は、どうしてそのような光景を目撃したのか、詳しくは理由を説明していない。だが、想念が瞬時に現実化するのであることがわかると、簡単に説明できる。すなわち、動かないはずの山（巨大山脈）が動き出すというのは、霊界を初めて見たスウェデンボルグの意識の中で、既成概念や固定観念が大きく崩れていくという心の状態をシンボリックに表した表象なのである。巨大な門扉が開くというのは、まったくの未知の世界に入り込んだという気持ちの表象だ。思ったことが瞬時に現実化するとはこのような現象なのである。

ここまで来るともうほとんど神の世界だ。思った瞬間に一つの宇宙が誕生したりするからだ。そこは、神しか住めないような世界なのかもしれない。だが、突き詰めていくと、神懸《かみが》かるとはそういうことなのだ。奇跡が起こると信じて疑わず、先入観をなくしていくことが「神ってる」状態を呼び寄せるのである。

時間の速さも集合無意識の総意で決まる

思ったことがすぐに実現するのであれば、それは理想の世界ではないかと読者は思われるかもしれないが、そうでもない。常時、そのような世界であるということは、おそらく今の私たちでは耐えられないような世界に違いないのである。

もし蛇口の栓を全開にすれば、潜在意識から膨大な情報が流れ込み始める。そうなると、今の私たちの意識の状態では、収拾がつかなくなるのだ。一九五六年に製作されたアメリカのSF映画『禁断の惑星』は、人々の潜在意識を制御しきれなくなり、自滅してしまった一つの惑星文明を題材にしている。潜在意識の「イド（精神の奥底にある本能的なエネルギーの源泉）」が作り出す「イドの怪物」が、最後は自分自身の命まで奪ってしまうという物語は、私たち人類に対する警鐘でもあるのだろう。

そもそも、固定観念や先入観がある程度ないと、私たちが住んでいる「この世界」そのものが成り立たなくなる。それはルールがないと楽しめないゲームやスポーツと同じである。何でもありの世界では、面白くない。そこで人類の集合無意識は、収拾がつかなくならないように、膨らみ続ける可能性を適度にすぼめるルールを作ったわけだ。

その最たる例が「時間」である。少なくとも時間の流れを一定に決めないと、社会が崩壊する。各人の時間の進ませ方が違うと、皆が過去に行ったり未来に行ったりするような現象が起きて、何が何だかわからない世界が出来上がるのだ。

では、どうやったら時間の流れを一定にすることができるのか。おそらく、時間を無意識のうちに固定しているのが、人類の集合無意識である。人類の集合無意識が、時間の速さなどの地球時間を決めているのだ。

私がどうしてそう思うようになったのかは、秋山眞人氏の「宇宙旅行体験」をつぶさに聞いたからであった。十代で宇宙人とコンタクトするようになった秋山氏はあるとき、UFOの母船に乗せてもらって、カシオペア座の方向にある宇宙人の惑星を訪問、そこで丸二日ほど滞在したことがあった。ところが、地球に戻ると、地球時間では二時間ほどしか経っていなかったというのである。

これとよく似た話では、浦島太郎説話がある。その原典とされる『丹後国風土記《たんごのくにふどき》』によると、丹後国・筒川《つつかわ》村の浦島子《うらのしまこ》が小舟に乗って漁に出たところ、「五色の亀」と出会う。五色の亀はやがて美しい女性となり、「天上の仙家の人なり。風雲の彼方より来た」と告げ、浦島子に眠るように促した。次に浦島子が目覚めると、不意に海中に大きな島が現れ、「昴《すばる》（プレアデス）」や「雨降り星（おうし座のアルデバランまたはヒアデス星団）」と名乗る「童子」に出迎えられ、「輝く宮殿」に入る。浦島子はそこに三年間暮らしたが、再び丹後国に帰ると、一〇〇年以上の月日が過ぎていたという。

後に「浦島太郎」と称されるようになった「浦島子」の体験は、現代の科学でもありうる現象ではないかと見なされ、「浦島効果」と呼ばれるようになった。というのも、時間は絶対的なものでなく、相対的なものであることが相対性理論によりわかっているからだ。速度が光速に近づけば近づくほど、その運動をしている物体にとっての時間は、静止している観測者から見て遅くなる。また強い重力場にいる観測者は、それより弱い重力場にいる観測者よりも時計の進み方が遅くなる。

そうなると、光速に近い速度の宇宙船で宇宙に飛び出て、一〇年で地球に帰ってきたら、地球上では一〇〇年経っていた、というようなことが起こりうるわけである。だが、それでは秋山氏が体験した「逆浦島効果」とも呼べる現象は説明できない。高速に近い速度で他の惑星を訪れて丸二日滞在したのなら、地球に帰ってきたら二時間ではなく、少なくとも二〇〇日くらい経っていなければならないはずだからだ。

そこで考えられるのは、それぞれの惑星では、そこに住む人々の集合意識か集合無意識の総意で、時間の速さが決められているのではないか、という可能性である。惑星ごとに時間の流れが違うのだ。秋山氏は次のように言う。


秋山　宇宙人はよく「各惑星に時間軸があってね」という言い方をします。「各惑星に時間の軸がある。それは微妙に違うんだよ」と彼らは言います。また、個人という人間の観察者側にすれば、「これも時間の軸が違うんだ」と言います。

最初はその意味がよくわからなかったのですが、段々とわかってきました。確かに楽しい感情でいると、時間は速くすぎます。三〇分くらいしか遊んでいないと思ったら、二時間も経っていたなんていう現象が起きます。逆に苦しいと感じると、一分が一時間に感じられることもあります。つまり時間と感情は密接に結び付いているわけです。心の状態が時間の速さをコントロールしているんです。宇宙人はおそらく、そのことをもっとよく考察しろ、と言っているのだと思います。

宇宙人が教えようとしているのは、多分それだけでありません。過去・現在・未来という、一直線上の時間のベクトルのモデルは、本当にそうなのか、と私たちに問いかけているような気がします。過去と今と未来は、実は何も決まっておらず、この瞬間にも滅茶苦茶に変わり続けているのではないでしょうか。私たちが今、「こういう時間の流れ」と決めておきたいがために、地球時間が今のようになっていると考えることもできると思っています。

秋山氏の説が正しいとすると、時間の速さだけでなく、時間が進む方向ですら、集合無意識の「総意」で決められていることになる。言い換えれば、過去から未来へと進むと私たちが思い込んでいる時間の流れも、人類の固定観念によって潜在意識に深く刻み込まれた「信念」が現実化した、シンクロニシティの結果なのである。

オカルトと科学がかけ離れてしまった背景

この宇宙には、物質偏重の「ガチガチに固まった〝科学〟の世界」と、精神偏重の「超オカルトの世界」が混在しているのである。その混在具合や濃淡がこの世界を決定するのだ。そう考えると、なぜオカルトと科学が対立するのかも、よくわかってくる。科学が信じる世界と、オカルトが信じる世界は、まったく違う世界だからだ。当然、ルールも異なる。

科学は再現性を重視し、追試をしながら〝現実〟を作り上げていく。ところがオカルトは、一度起こればそれで終わりという場合が多い。実験者や被験者の心の状態によっても、客観的なはずの「実験結果」が違ってくるという現象が起こる。「神が呼べると言うなら、今この場で神を呼んでみろ」と言われても、次に神が現れるのが五万年後だったりするのが、オカルトの世界だ。

科学とオカルトの世界の双方で、似て非なる現象が起こるのもこのためだ。その狭間で困って立ち往生しているのが、「量子論の世界」なのかもしれない。

この現状を打開するには、お互いがお互いを認め、異種格闘技のルールではないが、何か共通のルールが必要となるであろう。秋山氏は次のように言う。

秋山　オカルトと科学はいまだに乖離《かいり》して対立しています。実は厳密に言うと、この二つの世界は同じではありません。それが対立の背景と言えば背景です。

一般的な数学の統計からすれば、私たちの意識が介入し過ぎない状況で数字のランダム性を見ると、統計を取れば取るほどランダムになります。ゼロサムゲームになります。

でもこのゼロサムゲームが何かということもわかっていません。ゼロサムゲームで物事がランダムに起きているということは、さっき起きたこと、たとえばさっき起きたサイコロの3の目と、その次に起きる6の目は、何も関係がないということを明確にしています。これが科学の論理の世界、数学的な世界です。

一方、シンクロニシティの考え方というのは、さっき起きた3の目と次の6の目は何かかかわっていると考えます。当然数学的な考え方では、かかわりはないよ、という話になります。ところが、偏った状態になると、かかわりが出てしまうわけです。これが気持ちの悪いところです。だから前後の偶然性に偏りがあるのか、ないのか。かかわりがあるのか、ないのか。この辺がシンクロニシティを説明する肝になるわけです。

おそらく普段の状態では、私たちはかかわりのない状態の羅列の中に生きているのです。つまり今しかない。ところが何か神懸かった状態になったり、意識のトランスパーソナル（変性）を起こしたりすると、なぜか過去と未来がつながります。現象としてシンクロするんです。だから、たとえば私が今日、車にはねられましたとなったときに、その瞬間にハッと思い出します。一二××年に私は丹後の国の川越えをしていて、渡りきったところで馬に跳ね飛ばされている、と。それは前世の記憶ということになるんですが、ある意味で時間越えのシンクロニシティでもあります。同時に他にもあるぞ、明治時代にも人力車に跳ね飛ばされていたとか、いろいろ思い出すかもしれない。ひょっとすると、未来でも同じことがあるかもしれません。

偏りのないゼロサムゲーム的な世界観と、偶然性に偏りがある世界観——この二つの異なる考え方を、両方見たまま包括するということが重要です。お互いを否定したり、どちらか一つにしたりしてはいけないんです。

しかし、まだまだ科学とオカルトはいがみ合っているのが現状だ。秋山氏が望むような、科学とオカルトの両方が心地よく包括された世界が来るのはいつのことであろうか。

瞬時にわかり合う〝共鳴〟のような現象

ここまでの説明で、おおよそのシンクロニシティのメカニズムをわかっていただけたのではないかと思う。だが私たちの潜在意識が、心の状態と連動した象徴的な現象を、どうやって「呼び寄せる」、あるいは「引き起こす」のかというメカニズムについては、まだ説明していなかった。

簡単に言えば、「類は友を呼ぶ」「同気相求む」という同質結集の法則が宇宙にあるからだ、ということになる。同じ気質の似た者同士は自然と寄り集まるという意味のことわざは世界中にあることからもわかるように、経験則では皆、そうした法則があることを知っている。スウェデンボルグが見たという「霊界」でも、本来の性格の合う者だけが一緒に集まって村や町を作るという「同質結集」が起きていた。だが、なぜ同質なものは、磁石に引きつけられる鉄のように、自然に集まろうとするのだろうか。

物体が発するオーラ同士が、磁石のように引き寄せ合う性質を持っているからか——。そうかもしれない。だが、私がまず思い描くのは、似た振動数を持つもの同士が共鳴するような現象だ。ただし、私たちが知っている共鳴現象が物理的な刺激によって発生するのに対して、シンクロニシティの〝共鳴〟は、同質の想念が遠く離れていても響き合うような現象である。

私が初めてシンクロニシティを自覚した、その原点に立ち返ってみよう。既に説明したように、子供時代に初めて体験したその現象は、未来と現在の想念が響き合うような現象であった。空間だけでなく時間をも超越して発生する〝共鳴〟なのである。ということは、物理的なエネルギーによって引き起こされる「エネルギー伝達系」の現象ではないことになる。

この現象を説明するのは難しい。理論物理学者はこれに近い現象を「ビッグバンという原初以来、まるで双子にように絡み合ったペアの粒子が宇宙に広く存在している。そのペアの粒子は、お互いを知り尽くしているので遠く離れていても相手の気持ちがわかるのだ」というような仮説で説明しようとしている。それが量子テレポーテーションの実験だ。

たとえば、Aという粒子とBという粒子が絡み合うペアだとしよう。この二つの粒子は遠く離れていても、「離れがたい恋人」のように絡み合っている。ところが、別の粒子CをAに接触させて、そのCの情報がAに伝わると、遠く離れたBにもその情報が瞬時に伝わるという現象が実験によって観測されているのである。この情報の瞬時の伝達を「量子がテレポーテーションした」とみなすのだ。

これに近い現象が、シンクロニシティにも起きている。しかしながら、この理論をシンクロニシティに適用させるには、少なくとも「超宇宙」や「多宇宙」の中を自由自在に行き来することができる「想念の粒子」があると仮定しなければならない。「想念の粒子」は、時空間を超越して、どのような宇宙にも瞬時に存在できる。そのような粒子があるとすれば、おそらく次のような現象が起きているのだろう。

秋山氏が言うように、潜在意識と直結した脳は「シンクロニシティ探知器」であり、潜在意識は「シンクロニシティ発生装置」なのである。潜在意識は「想念の粒子」をあらゆる時間軸、あらゆる宇宙に飛ばして、潜在意識に刻まれた「心の状態」と同じものを探知しようとする。まだ見ぬ「心の友」を探すようなものだ。そして「超宇宙」のどこかに同じようなモノを見つけると、共鳴のような現象を発生させる。すると、双方の潜在意識が時空間の彼方に「自分と似たもの」があることに気がつき、同質結集の法則により、お互いを引き寄せ合うのである。

双方からのアプローチが出合う瞬間

そのような仮説を立てても、なぜお互いが惹き合うような現象を引き起こせるのかは解明されていない。〝共鳴〟のような現象が発生した際、何か「魂の恋人同士」を出会わせようとするフェロモンのような物質が現れて、「この世界」と「別の世界」がくっつくのであろうか。そのメカニズムは依然としてわからなくとも、その感覚は秋山氏のような能力者にはわかっているようだ。

私と秋山氏は次のような対話をしたことがある。

布施　私は〝念力〟でスプーンを曲げたことはないのですが、秋山さんは昔から曲げています。あの曲げる瞬間というのは、何かシンクロニシティ現象と関係があるという感じがしますか？

秋山　関係があるというか、あれはタイミングが決まれば、ポロリと折れるんです。

布施　タイミングが決まると？

秋山　タイミングが決まればスプーンは軟らかくなります。逆に言うと、決まらなければスプーンは硬いままです。それは、物質にも非常に特殊な事態のタイミングがあるということです。

布施　物質には物質の都合がある、と。物質が持っているタイミングがあるということですか⁉

秋山　そうです、スプーンが持っているタイミングです。たとえばここに十本のスプーンがあったとします。すると、この一本が曲がりやすいと感じる「出合いのタイミング」があります。

だから、何て言ったらいいのかな。実は私にとって、スプーンを曲げるときの感覚と、UFOを呼ぶときの感覚は、極めて近いんです。

布施　同じような感覚なんですか。

秋山　ええ。今振り返ると、UFOにその感覚を本当に教えてもらったと思っています。私がUFOを呼ぶということで話題になったときに、あるUFO肯定派の芸能人に、本の中で批判されたことがありました。

布施　何と言われて批判されたんですか

秋山　「秋山って人もさ、タクシーじゃあるまいし、UFOを呼んでパッと来るっていうのは、いかがなものか。UFOだってそんなに暇じゃないだろうし、言っていることがおかしいよ」――。みたいなことを書かれたんです。

しかし私に言わせれば、空車のタクシーを待っている感覚とは全く違うものです。向こうからも、どのタイミングで来るかということを探っている。何かね、矢印が向こうからずっとアプローチをしてくる感じです。そういう向こうからの動きのタイミングがあります。

で、こちらからも、UFOを見る瞬間を作り出したい、皆にも見せたいというアプローチがあります。この空間をどんどん念じ込んで、変えていくという動きがあって、その両方がピシャッと一致したときに、ドンと出るんです。

一回出てしまえば、次々に出てきます。一度ロックがかかってしまえば、どんどん出てきます。そういう感じです。だから手を挙げてタクシーを呼ぶという感覚では全くありません。

超能力がピシャッと決まるときは、サイコロを振って六個の目が全部同じになります。その瞬間は、サイコロからも何かそのようなエネルギーが出ているし、こちらからも出ていて、空間対空間、時間対時間のコミュニケーションが取り交わされるんです。

時空を超えて「想念のベクトル」が響き合う

この超常現象が起きるときの感覚を説明しようとする秋山氏の話の中に、ヒントがあるように思われる。

モスマン目撃事件を例にとろう。

人々の集合無意識はまず、近い将来に橋が崩落するような大変な事件を起こることを察知して、それを何とか顕在意識に知らせようとして騒ぎ出す。そのとき、「橋の崩落」と同じくらいありえない「不安な表象」がこの宇宙に存在しないかどうか、「想念の粒子」を飛ばして探そうとする。そして探し出したのが、モスマンが出現するような「不安な世界」であったのだ。

私たちの潜在意識はシンクロニシティ発生装置のようなものだから、その「不安な世界」を「私たちの世界」に実現させるために、引き寄せようとする。

一方、「モスマン」がいる世界では、どのようなアプローチがあったのであろうか。「モスマン」の集合無意識は、どこか遠い世界で、自分たちを表象とするような現象が起きつつあることを察知して騒ぎ出す。すると、モスマンたちの潜在意識が「私たちの世界」に向くことによって、この二つの世界には〝共鳴〟のような現象が起こり出す。その次第に大きくなる〝共鳴〟に合わせる形で、「私たちの世界」と「モスマンの世界」はお互いの〝触手〟を使って探り合いながら、歩み寄る。やがて触手同士が触れ合うと、二つの世界は交錯してロックされ、三次元のパイプが「フラットランド」を通過するときのような奇妙な現象が、〝共鳴〟が終わるまで発生し続ける。

そのときモスマンの側からは、未来に対する漠然とした恐怖や不安から潜在意識がざわついている、得体の知れない生き物たちが気味悪く騒ぎまわっている世界が見えていたのではないだろうか。その世界もまた、モスマンたちの潜在意識に刻まれた「心の状態」の表象であったに違いないのである。

双方からのアプローチがあって初めて、シンクロニシティは成立するのだ。

デシャンがプラム・プディングを注文しようとする働きかけと、「ドゥ・フォルジボー氏」がプラム・プディングを食べにレストランに出かけようとする働きかけの、両方のアプローチがあったからこそ、シンクロニシティが起きた。私が体験した時空を超えた〝共鳴〟も、「未来の自分」が「今の自分」に思いを馳せた働きかけと、「今の自分」が「未来の自分」に「想念のベクトル」を向けた働きかけがあったからこそ発生したのである。

これらの仮説が正しいのかどうかは、現時点ではまだわからない。ほかにも私たちが知る由もないような、神秘のメカニズムがあるのかもしれない。だが、科学が否定しようがどうしようがにかかわらず、シンクロニシティは起こり続けるのである。超常現象を一切認めようとしない「ガチガチ頭」の科学も、いつかはシンクロニシティを認知せざるをえなくなるだろう、ということだ。意外とその日は近いように思っている。

最終章では、シンクロニシティがもたらす未来と、その活用法について、秋山氏との対談を交えながら論じようと思う。同時に二〇一六年の米大統領選も、シンクロニシティの観点から解説してみたい。

第7章 シンクロニシティの未来、その活用法

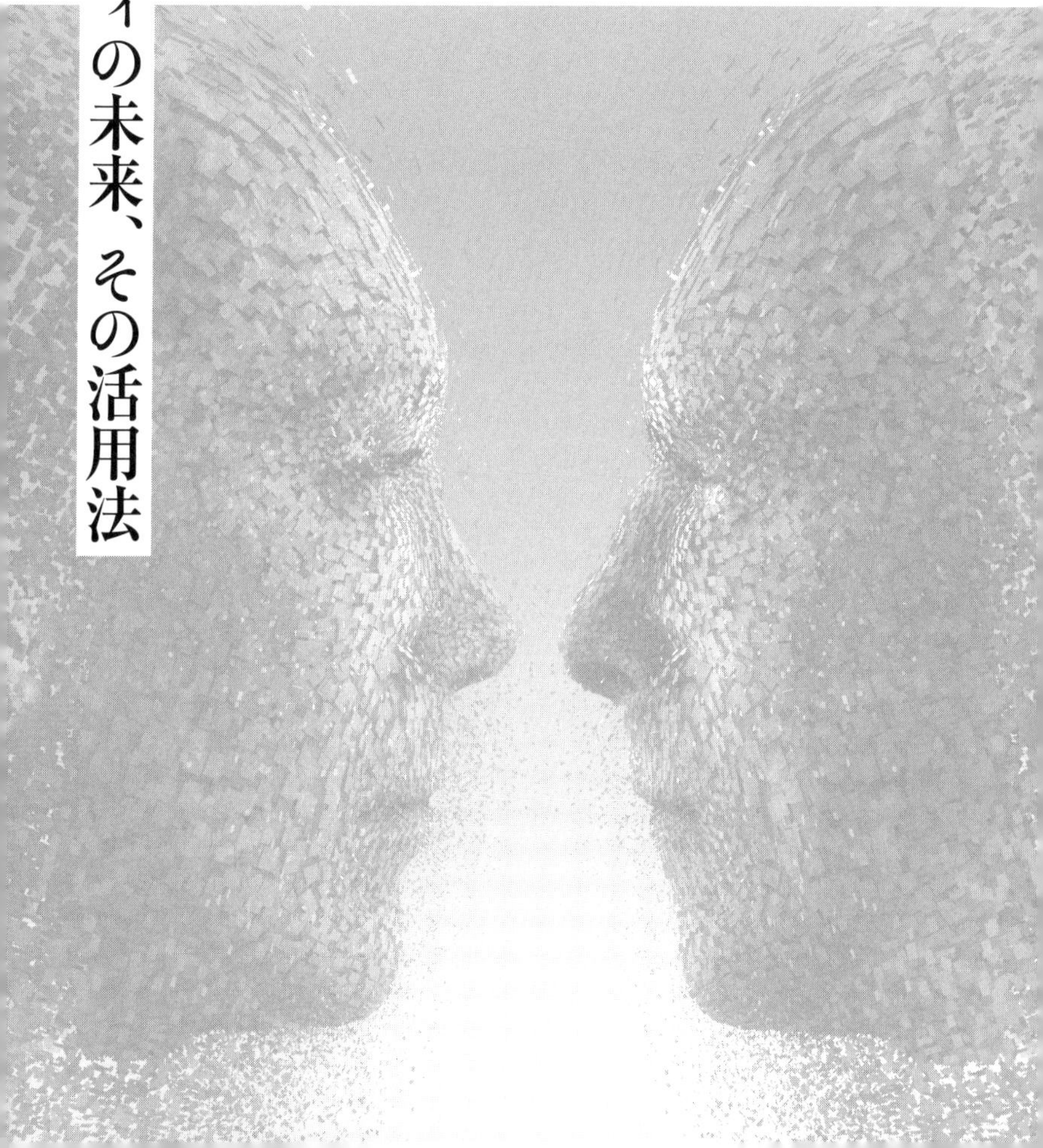

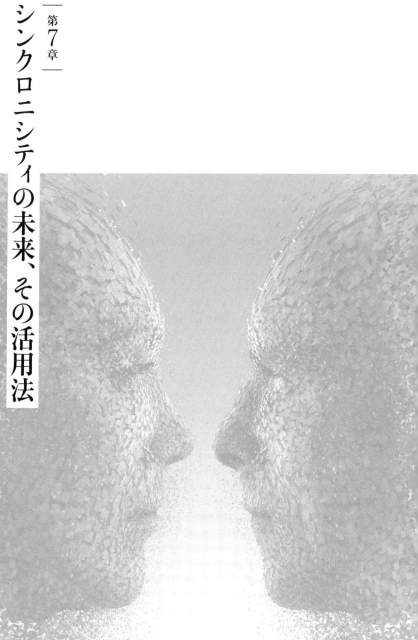

米大統領神話に隠されたシンクロニシティ

桜の木を伐《き》ったことを認めた〝正直者〟のジョージ・ワシントンや、原爆が多数の命を救ったという「原爆神話」を広めたハリー・トルーマン――もともと、アメリカの大統領には神話のような物語が付きものであった。これまで見てきたように、その神話が人々の集合無意識に刻まれると、そのパターンは良かれ悪しかれ繰り返し発生するのである。

神話化すると繰り返されるパターンのシンクロニシティとしては、第十六代アメリカ大統領エイブラハム・リンカーンと第三十五代大統領ジョン・F・ケネディの符合の例が有名だ。リンカーンとケネディにはちょうど一〇〇年違いの共通点がいくつもあるというのである。

リンカーンは一八四七年に初めて下院議員になったのだが、ケネディはちょうどその一〇〇年後の一九四七年に下院議員に就任した。そして二人が大統領に当選したのが、リンカーンが一八六〇年、ケネディが一九六〇年で、これも一〇〇年の差。暗殺こそ一八六五年と一九六三年で一〇〇年差のジンクスは破られているが、暗殺後の後任の大統領となった副大統領はどちらもジョンソンという名の南部出身の政治家で、リンカーンの後を継いだアンドリュー・ジョンソン大統領が生まれたのは一八〇八年、ケネディの後を継いだリンドン・ジョンソン大統領が生まれたのは一九〇八年と、ちょうど一〇〇年の差がある。まるで数字によって事前にすべてが決まっていたかのような偶然の一致だ。

数字以外にも、二人は大統領選挙期間中に斬新な形の公開討論会を行った点（リンカーンの場合は公開討論の事実上の始まりであり、ケネディの場合は初めてテレビで公開討論が生放送された）、黒人の人権問題に積極的に取り組んだ点でも似通っている。また、二人とも国が南北に分かれる戦争（リンカーンは南北戦争、ケネディはヴェトナム戦争）にも深くかかわったことでも知られている。

米大統領には、「ヤギの呪い」ならぬ、「テカムセの呪い」もある。末尾にゼロがつく年に選出された大統領は、在職中に亡くなり任期を全《まっと》うすることはないというジンクスのことだ。部族の領土を白人に奪われ、一八一一年にティッペカヌーの戦いで、後に大統領になるウィリアム・ハリソン率いる政府軍に敗れたアメリカ・インディアン「ショーニー族」の酋長テカムセ（後に別の戦いで死亡）がかけた呪いとされている。

この〝呪い〟は、一八四〇年に選出された当事者のハリソン大統領が肺炎により任期途中で死亡したことから始まり、一八六〇年のエイブラハム・リンカーン（暗殺）、一八八〇年のジェームズ・ガーフィールド（暗殺）、一九〇〇年のウィリアム・マッキンリー（暗殺）、一九二〇年のウォーレン・ハーディング（〝病死〟）、一九四〇年のフランクリン・ルーズベルト（脳溢血）、一九六〇年のジョン・F・ケネディ（暗殺）まで、一世紀以上にわたり七回も連続して起きた。

このように、暗殺されたリンカーンやケネディに象徴されるように、在任中に不慮の死を遂げた大統領は、半ば歴史の中で淡く神話化されて潜在意識に刻まれる。すると、その悲劇的神話のパターンは現象化されて繰り返される可能性が高くなるわけだ。

おそらくケネディは、まさか自分がテカムセの呪いで死ぬなどとは夢にも思っていなかったであろう。リンカーンの真似をして、ジョンソンという名の南部出身政治家をわざと副大統領に指名したわけでもあるまい。ケネディは、そういう奇妙な偶然の一致に気がついていなかったはずだ。

しかしもし、ケネディがシンクロニシティの法則に気づいていたら、歴史はどうなっていただろうか。副大統領にジョンソンを選ぶこともなかっただろうし、危険を意識して慎重になっていれば、暗殺を防ぐこともできたのかもしれない。つまり顕在意識化することによって、シンクロニシティの法則がもたらす悪循環の連鎖を断ち切ることができたのではないかと思えてくる。秋山氏が言うように、シンクロニシティはある程度コントロールできる現象なのである。

シンクロニシティをコントロールする方法とその問題点を秋山氏に聞いた。

シンクロニシティの悪い連鎖を断つ方法

布施　せっかく潜在意識がシンクロニシティ現象を使ってメッセージを伝えてきても、心構えができていないと、そのまま惨事に巻き込まれたりします。それを解決する具体的な方策はないのでしょうか。

秋山　シンクロニシティであるからこそ、運命を変えることもできます。「やばいシンクロニシティ」、たとえば歴代大統領の不慮の死が続いたとします。そうなったら元々の関心や執着を断ち切ればいいんです。簡単に言えば、思い切って、自分が死ぬ前に大統領を辞めることです。それが一番手っ取り早い解決策です。それができないのであれば、あえて感情を移入することです。

布施　感情を移入する、というと？

秋山　あえて不安や恐れを言葉にして、感情を顕在化させることです。すなわち第3章の「シンクロニシティ『秘密の法則』」で説明した「言挙《ことあ》げ」です。その顕著な例が、予言の言挙げです。予言は実は外れるため、あるいは外すためにあるのです。というのも、予言して、みんなが信じ込んだころに予言は大体当たらなくなるからです。

最近で有名なのは、予知夢による予言ができるとされるブラジルのジュセリーノ・ダ・ルースです。あれだけ今まで正確に当たったと言われているのに、日本で本を出した途端に、日本について予言したものはまるで当たらなくなりました。ということは、意識され過ぎると、予言はダメになるんです。みんなに無視されていたときは、かなり当たっていました。

布施　ギリシャ神話のカサンドラの予言とイソップ寓話の「オオカミ少年」を併せたような話ですね。信じたら来ないし、信じなくなったら来るわけですから。地震も来る、来ると言っていれば、来なくなるわけですか。

秋山　その通りです。地震も感情を移入して意識化すれば消えるんです。

布施　たとえば、二〇一六年五月二十六、二十七の両日に開かれた伊勢志摩サミットの前には、一部の人たちがネットなどで、伊勢志摩で地震がある、あると言って騒いでいましたが、騒いでいれば、地震も発生しないということになりますね。

秋山　皆が伊勢志摩で地震が起こると言えば起こらないんです。「サミットが地震でやばい」と大勢が意識して騒げば、起こりません。事実、二〇一六年四月十四日の熊本地震から始まった、東へと向かう地震の連鎖は、関西地方や東京を避けるようにして五月十六日には茨城に抜けてしまいました。

それからもう一つの方法は、悪いことが起こる前に代償を払うことです。たとえば、ここで鉛筆を一本折るとか、何か生贄《いけにえ》とか代償を出すんです。それによって悪いほうの現象は止まります。

布施　鉛筆を犠牲にして、悪い現象を止めるのですか。

秋山　それが呪術です。呪術的な行動で、木を植えて止めるというのもあります。そうするともう、風水に近くなってきます。先祖の墓で止めるとかもあります。たとえば魔術では、ろうそくを燃え尽きさせることにより、念じて何かを起こすということをします。言葉を唱えて、あるいは言葉を独りで無駄に唱えて、それでこっち側で何かを起こすこともします。労力を消費して、何かを起こします。

布施　実はケネディ暗殺の後、「テカムセの呪い」の難を逃れた大統領が二人います。一人は、一九八〇年選出のロナルド・レーガンで、もう一人は二〇〇〇年選出のジョージ・W・ブッシュです。レーガンは大統領就任後間もない一九八一年三月三十日に至近距離から狙撃され、危うく命を落としそうになった暗殺未遂事件が起きています。だからまあ、それ相応の代償を払ったことになります。しかし問題は、ブッシュ大統領のときです。ご存じのように大統領に就任した二〇〇一年に未曾有《みぞう》の9・11テロが起きました。私には、このテロが人身御供《ひとみごくう》効果をもたらして、呪いが〝帳消し〟になったように思われるんです。

秋山　その可能性は十分にありますね。ブッシュが「テカムセの呪い」を意識していたかどうかはわかりませんが、9・11テロがある種の代償行為となったのは間違いないように思います。

呪術性を持つ「アナグラム」や「逆さ綴り」

布施　そこでちょっと話題を変えますが、問題は、潜在意識にある種のイメージやパターンを落とし込んで、シンクロニシティを意図的に発生させることができるのかどうか、です。一種の「シンクロニシティ呪術」です。シンクロニシティが自然に発生するのではなく、そのメカニズムを利用して意図的に発生させる、いわば「仕組まれたシンクロニシティ」です。

秋山　神話のように淡く意識したものを潜在意識に流し込み、そのイメージを現実化させるという法則を利用してシンクロニシティを引き起こすことは、誰にでもできます。その一つの例が、アナグラム（言葉の綴りを変えて別の語や文を作る、一種の言葉遊び）や回文《かいぶん》（上から読んでも下から読んでも同じ文）です。

たとえば、「あめりか《アメリカ》」をアナグラムにすると「かめあり《亀有》」になります。この二つの言葉は同じ言霊《ことだま》の響きを持ちますから、「亀有って、何かアメリカに似ているよね」という思いが潜在意識に刻まれます。だから「亀有」と言っただけで、「アメリカ」が想起されるような現象が起こります。

これをどのように使うかというと、サブリミナル効果的に使うわけです。映画『マトリックス』では主人公ネオ（ＮＥＯ）は救世主（Ｔｈｅ　ＯＮＥ）のアナグラムでした。このアナグラムが作り出す、似たようなほのかな響きが潜在意識に落とし込まれることによって、ネオは救世主であることが知らず知らずのうちに観客に染み込んでいく効果があるわけです。

「アナグラム（anagrams）」自体にも「ARS MAGNA《アルスマグナ》」、ラテン語で「偉大なる芸術」という意味のアナグラムがあります。だからアナグラムは偉大なる芸術として定着したと考えることもできます。

アナグラム以外には回文があります。古来日本でも回文は風流人の遊びであっただけでなく、「回文でつくったものは、神に通じる」とも考えられていました。なぜなら、そういった言葉は多くの人の潜在意識に刻まれやすいからです。するとシンクロニシティの法則により、回文で思ったことと同じようなことが周囲で起こるわけです。

回文によく似たもので、「上から読んでも山本山《やまもとやま》。下から読んでも山本山」という、海苔とお茶を製造している食品メーカーのコマーシャルが古くからあります。このキャッチフレーズの響きの良さや心地よさは潜在意識に確実に刻まれるので、何十年経っても「ああ、あの山本山の海苔ね」と思い出させることができるわけです。

潜在意識に訴えることができる呪術としてはほかに、英語で言えばDOG《ドッグ》（犬）とGOD《ゴッド》（神）のような逆さ綴りもあります。西洋では古くから「逆さ綴りは魔を呼ぶ」と言われ、不思議な力を持つと考えられてきました。潜在意識に入ると、それが現実化することを経験的に知っていたのです。神と犬は潜在意識の中でイメージとして結び付きます。そのイメージが潜在意識に刻まれると、犬が神のシンボルとなるわけです。逆さに唱えた言葉もサブリミナル効果として潜在意識に入りやすいです。

布施　逆さ唱え、逆さ綴り、回文、そしてアナグラムは、人間の潜在意識に刷り込まれやすいという性質があるというわけですね。

秋山　そうです。「呪文」に逆さ綴りを利用した言葉が多いのは、そのためです。

意図的なシンクロで払わされる代償

布施　そのような呪術があるのだとすると、そうした呪術で人の運命をコントロールするなんてこともできるのでしょうか。

秋山　そういうことも可能だとは思います。ただ、そこには大きな問題もあります。ジョン・A・キールを在野で研究していた、東海大学で超常現象の大きな研究チームを率いていたOさんという人がいます。現在は高崎で会社の社長をしている人ですが、先ほど紹介したシンクロニシティ研究家の大田原氏の話をOさんとすると、彼はよく「巻き込まれたらアカンよね」と言うんです。

大田原さんはシンクロニシティを動かす方法がわかってしまって、どんどん実践者になっていったんです。でもある時、突然死んでしまいます。

布施　その話は聞いたことがあります。

秋山　大田原さんはお金から何から、シンクロニシティを本当にコントロールして、自由自在になっていったんです。東京で暮らして、独りで自宅まで建てて、何億円もの遺産相続が突然あったかと思うと、「いや〜秋山さん、僕の銀行の普通口座に、なぜか間違って三〇〇〇万円振り込まれていたよ」なんていうことを言っていました。

そんな大田原さんを見ながら、私とOさんはすごく心配したんです。

布施　あまりにもツキすぎていたからですか。

秋山　そうです、あまりにもやりすぎていたのです。つまりOさんによると、どうもシンクロニシティ現象そのものを追い込みすぎたりすると、巻き込まれるというんです。あまりにも魅惑的だし、巻き込まれると、何か特殊な影響を受ける。するとシンクロニシティ現象のために、別のところで何か生贄を出さなければならなくなるようなのです。代償を取られる。ある種の崩壊とか、災害とか、人が死ぬとか……代替が求められる。それを先回りする方法論が人身御供です。

いずれにせよ、我々が何かを得るという現象、特殊なものを得るという現象、特に偶然性を引き寄せるタイプの現象は、代償が必要だということです。

布施　「人を呪《のろ》わば穴二つ」ということを肝に銘じなければなりませんね。

秋山　長い目で見れば、潜在意識や集合無意識は、その直感力が誰かに利用されていることすら読み取ります。悪用したり過度に利用したりすると、それはそのまま何らかの形でその人に返ります。

「DOG」が「GOD」となって現れるとき

布施　逆さ綴りの「GOD」と「DOG」で思い出したのですが、ローマ建国神話には狼に育てられたロムルスがローマを建国したという物語が伝わっています。飼い馴らされて家畜化された狼が犬だとされていますから、狼は犬のご先祖様みたいなものです。その狼が王政ローマの初代王ロムルスを育てたというのは、非常にシンボリックです。王を育てたのがGODの逆さ綴りのDOGだったわけですから、狼は神のような存在となります。

そしてどういうわけか、日本語の狼は「おおかみ」と呼ばれ、音だけを聞いたら「大神」となります。まるで示し合わせたかのように、西洋と東洋で「狼」が「神」になってしまうわけです。これもシンクロニシティでしょうか。

秋山　シンクロニシティというのはまさにそういうものです。人類が共通に持つ、シンボリックな〝言語〟があるわけです。人類というより「宇宙共通の言語」と言ってもいいでしょう。それが易のシンボルであり、神話にちりばめられたシンボルです。

布施　それでは、犬は神を表す世界共通のシンボルなんでしょうか。

秋山　ローマ建国神話はヨーロッパの人々の潜在意識に刻まれていますから、犬は神の使者でありシンボルです。アジアでも、干支《えと》の犬（戌）は北西です。易経では北西は天とか宇宙の方角で、《リーダーシップ》を表します。犬は天のシンボルで、かつリーダーシップのシンボルでもあるわけです。

布施　天とリーダーシップならまさに建国神話に必要な要素ですね。それが狼とロムルスのシンボル的な神話となって語り継がれたというわけですか。それは面白いですね。

実は、先述の考古学研究家ジョセフの『シンクロニシティ』という本の中で、非常に興味深いシンクロニシティの実例が紹介されています。一九八八年の夏、古代史に興味を持っていたドイツのハイデルベルク大学の学生たちがイタリアのオスティア遺跡（ローマ郊外のオスティア地区にある古代ローマ時代の港湾都市遺跡）を訪れたときの話です。

この古代ローマの遺跡には野外劇場が手つかずの状態で遺されていたのですが、彼らの仲間の一人が囃《はや》されて、その野外劇場のステージで何かパフォーマンスをすることになったんですね。で、その学生は拍手に促されてステージに上がり、ありったけの知識を絞って、オスティアの歴史とそれにまつわる神々についての演説を披露したわけです。そしてその学生は演説の最後を「オスティアが神によって創られたというなら、今すぐ姿を現してほしい。そうでないと、誰も神の存在を信じなくなってしまう」という言葉で結んだそうです。

彼は演説が終わると、観衆である仲間の学生たちに深々と頭を下げ、自分の席に戻ろうとしました。そのとき、聴衆がしんと静まり返ったんですね。というのも、ものすごく大きな黒い犬がステージに向かって歩いているのが見えたからです。皆が息を殺して見守っているなか、その犬は悠然と、つい先ほどまで学生が演説していた場所まで来ると、そこでピタリと止まりました。大きな犬はしばらくそこに立ったまま、学生たちを見つめていましたが、やがてゆっくりと歩き出し、野外劇場から出て行きました。当然その間、学生たちはその光景に驚いて、誰ひとり一言《ひとこと》も言葉を発しなかったそうです。やがて一人が口を開きます。「今の犬、ロムルスを育てた狼に似ていなかったか？」と。

つまり、神に向かって「姿を現せ」と演説した学生の要望に応えて、神が狼の形をして皆の前に現れたことになるんですね。みな、腰を抜かすほど仰天したに違いありません。まさに神話のシンボルが現実化したような話です。

秋山　面白いですね。何度も言いますが、潜在意識の奥深いところに仕舞われた神話はシンボルとして現実化しやすいんです。おそらく「神よ、姿を現せ」と言った瞬間に、近くにいた犬が「神とは俺のことか」とばかりに、集合無意識によって引き寄せられたのだと思います。

そのようにシンクロニシティは、私たちの周りに、完璧なタイミングでシンボル的に現れます。それを長い年月をかけて研究して、体系化したのが、易であったり陰陽道であったりしたわけです。

シンクロニシティを読み解く陰陽師たち

布施　研究を体系化したとなると、易経を作った人たちや陰陽師《おんみょうじ》の人たちは、シンクロニシティを意図的に起こさせる所作を知っていたということになるのでしょうか。

秋山　そういうことです。それは、何千年もの歳月をかけて研究して作られた体系でもあります。だから陰陽師たちは、政治上の助言から催し物の日取りまで、事あるごとに帝《みかど》からアドバイスを求められたわけです。彼らは歴史の表舞台にこそ登場しないものの、裏では政治的に大きな力を持ち続けました。

江戸時代に入ると、彼ら陰陽博士たちは、町の権力者として幅を利かせるようになりました。そして彼らの一部は、賭場《とば》を仕切ったという説があります。現代風に言えば、カジノを経営したわけです。「博徒《ばくと》」という言葉ありますが、この本来の意味は「陰陽博士の徒弟」ということです。

彼らは「潜在意識が何を選ぶか」を見ます。たとえば競馬のレースでどの馬が勝つか、大相撲でどの力士が勝つかを、潜在意識の騒ぎ方とか、その偏り方を見て予想するわけです。その際に重要なのは、競馬を予想させるとか、力士の星取りを当てさせるとかの予測をしていることを相手に知らせずに予測させることです。

一〇頭の中から勝ち馬を当てさせる場合でも、たとえば「一〇種類の色の中に正解の色が一つだけあります」という質問をします。そうやって多くのデータを集め、「何となく赤が正解だと思う」という答えが一番多かったとします。そのとき、事前に決めておいた「赤に対応する番号」の馬が勝つ確率が高くなります。

なぜなら私たちの潜在意識や集合無意識は、どの番号とどの馬が対応しているかを見抜くだけでなく、どの馬が勝つかなど未来に起こる事象を事前に察知している可能性が強いからです。

ではどうして直接馬の名前を当てさせないかというと、競馬を予想させると知らせた瞬間に、回答者(被験者)の先入観が入るからです。被験者が「一攫千金を当ててやろう」と思えば、先入観のほかに我欲も入り込み、潜在意識からの情報にも必ずバイアスがかかります。すると予想も外れる可能性が高くなります。

また彼らは、大相撲でどの力士が勝つか負けるかを見ることによって、シンクロニシティ的に未来を占うこともします。

簡単な例を挙げると、静岡県出身の平幕力士「海幸彦」が奈良県出身の横綱「田力男」に大番狂わせで金星を挙げたとします。すると、駿河湾では今年は例年にない大漁になり、近畿地方では凶作となりそうだと予想するわけです。

もっとも、シンクロニシティは、このように単純に起こることはそれほどありません。

「静岡」の「海」と「奈良」の「田」ではあまりにもあからさまで顕在意識化してしまうからです。すると、潜在意識にも余計な思いが入って一種の混線状態となり、予想が当たらなくなります。夢の解釈と同様に、顕在意識が入り込まないように、かなりひねらないと、未来予想をするのは難しいのも事実です。

一方で、中国から伝わった博打であるマージャンも、元々はそうした占いの意味がありました。中国には、誰か親戚の人が亡くなると、その人の運が身内の誰かに継承されるという考え方があります。その運がどこに行くのかを見るために、身内でマージャンをやるわけです。家長はそれを見て、「あいつは以前に比べて、強くなったから、あいつに運が移行したに違いない」というように見極めます。

加えてマージャン牌には、字牌《じはい》や数牌《すうぱい》や花牌《はなはい》といった方位や数字や季節を表す牌があります。そこで、三元牌《さんげんぱい》が出世、筒子《ピンズ》は食べ物、萬子《マンズ》は蓄財、索子《ソーズ》が人間関係を表すシンボルであるというように事前に意味を決めておいて、しかもその意味を隠して占いに使うこともできます。身内でリラックスしてマージャンという遊びを楽しめば、それだけ潜在意識が活性化して、シンクロニシティを発生しやすくします。その中で、誰が、どの方位の、どの季節の、何で勝ったのかを見れば、身内の誰がどこに行けば出世するのか、あるいは東では誰が蓄財できるのかなど、未来の予測もある程度可能になるわけです。

未来を秘密裏に予測できる「マインドレース」

秋山　現代では、こうした多数の人々の潜在意識や集合無意識を利用して、株価を予想する場合が多くなったように思います。

たとえば、コンピューターの無料ゲームで多くの人を呼び込んで、こっそりと一カ月間で1から10までの中でどの数字により多くの人が投票したかを調べます。もちろん投票者には何を選ばせているかをまったく知らせないまま、数字にはあらかじめ投資先の企業名など、それぞれの意味を付しておきます。潜在意識や集合無意識は、どの企業がどの数字に対応しているかを察知するだけでなく、どの企業の株が有望かを探し当てることができます。ですから、人気投票でその偏りがはっきりしたら、人気のあった数字に対応する企業の株に投資すればいいわけです。この方法を使えば、下手な株式評論家よりも株価の動向をはるかに正確に見定めることができます。

もちろんこの手法は、株式投資以外にも、新商品の開発やネーミングなどに幅広く応用することができます。このように集合無意識や多数の潜在意識を利用して、いち早く未来情報をつかもうとする意識レベルの競争のことを「マインドレース」と呼びます。

マインドレースは一九九〇年代の前半ぐらいから、リモートヴューイング（遠隔透視）

の研究がＣＩＡ（米中央情報局）などで盛んに行われたのと並行して、本格化しました。ただし、マインドレースをやっているということは巧妙に隠されました。というのも、多くの人がマインドレースの存在を知ってしまうと、先入観が入り込みますから、データが狂い、正確な未来予想ができなくなるからです。

また、マインドレースをネガティブに利用しようとすると、結果的に集合無意識はそのことさえ読みます。そして嫌な奴には協力しなくなります。集合無意識には拒絶するという能力もあるわけです。そうなるとデータは混乱し、この場合も正確な未来予想はできません。

その反面、人類の集合無意識を人類の発展の方向に使えば、集合無意識はその意図を読み取りますから、積極的に協力してくれるわけです。被験者だけでなく、実験者側にポジティブな意識が介在しているのか、あるいはネガティブな意識が介在しているのか、集合無意識は見透かします。要はマインドレースにおけるシンクロニシティも意識と連動しますから、それ相応の現象が起きるということです。

布施　先ほど、賭場を取り仕切ったのが陰陽師であったということでしたが、米大統領選に勝利したドナルド・トランプ氏もカジノを経営しています。彼もまた、マインドレースのような分野に詳しいのでしょうか。

秋山　トランプ氏は、この分野にはかなり詳しいのではないかと思います。あくまでもたとえ話ですが、あるギャンブラーが確率を偏らせることのできる能力者を連れて、トランプ氏のカジノでその能力者の助けを借りて大儲けしたとします。これに対しトランプ氏は後日、そのギャンブラーを自分のカジノに招待します。そこで何をするかというと、赤い色の道具を使わせたり、ペイズリー柄など複雑な紋様の図形を使ったりして、能力者が嫌がるものを周囲に配置します。そうすることで、能力者の透視や予知能力がブロックされたり発揮しづらくなったりするからです。

能力者の力が封じられたら、結果は目に見えています。そのギャンブラーは、今度は通常の確率通りに大負けして、前回儲けた額以上の負債を負うことになるわけです。カジノ経営者なら、そのぐらいのことは必ずしています。

そもそも賭博を突き詰めていくと、シンクロニシティに法則性があり、潜在意識が未来を予測することに気がつくはずです。それは、自然の流れです。カジノで集めたビッグデータを使って、トランプ氏が未来予想をしていることも十分に考えられます。

トランプ大統領を誕生させた「サイエネルギー」

布施　そう考えると、二〇一六年の大統領選にも何かあったかもしれませんね。

秋山　米大統領選でもシンクロニシティは起きています。９・１１テロ事件の逆さ数字が大統領選の開票日である十一月九日（11・9）であったわけです。異常なテロと大番狂わせの選挙結果が、確率の偏りという意味で響き合います。

布施　私も気づきました。でも意図的なんでしょうか。

秋山　意図的なような気がします。十一月の第一月曜日の次の火曜日が投票日と決まっているので、当然二〇一六年は十一月九日の水曜日が開票日となるのですが、元々その十五年前に起きた9・11テロ自体が、意図的に九月十一日を狙ったように思えるからです。

布施　日本の110番や119番に相当する緊急通報用電話番号が911ですからね。出来過ぎと言えば出来過ぎです。そうすると9・11テロは、二〇一六年の大統領選挙が十一月九日になることを見越して計画されたテロ事件であったことになります。

秋山　もちろん、意図があったかどうかにかかわらず、シンクロニシティは常に起こります。だからあくまでも可能性の話ですが、二〇一六年十一月九日を見越して、シンクロニシティ的なシナリオを書いた人物がいたとしてもおかしくはない、ということを指摘しているわけです。

布施　十一月九日に大統領選の開票があり、その五日後には満月が六十八年ぶりに巨大に見えるスーパームーンがあることは、事前にわかっていました。だから、そうした未来に起こることが決まっている「既知のイベント」を利用して、何かありえないことを起こして、ひと儲けしようと考えた人物がいても不思議はないというわけですね。

秋山　そうです。そして、私が何らかの意図が働いたのではないかと思う根拠は、実は大統領選二カ月前の九月から、世界中の能力者のエネルギーがどこかに吸い取られているという感じが強くなったからです。能力者は皆、かなり気持ち悪くなりました。尋常ではありませんでした。誰かが何かのために、サイエネルギー（超常現象を起こしているとされるエネルギー）を使って、大きな事件を起こそうとしている感じがしました。それくらい皆、調子が悪くなりました。大統領選投票日の三日前には、私もとうとうひっくり返ってしまったほどです。とにかく大統領選が近づくにつれ、何度かにわたって波状的に調子が悪くなりました。

布施　私の知り合いは、米大統領選前の十月二十三日に、「鎌」の映像が急に飛び込んできたと話していました。そこから始まってずっと変な映像が続いたというんです。

秋山　タロットカードの「鎌を持った死に神」のカードは《急変化》を意味します。急変化の一つが死というわけです。まさしく米大統領選がそうでした。でも、口先でＵＦＯ情報を公開すると言っていたヒラリー・クリントン女史より、本人が霊能力者をたくさん使っているトランプ氏のほうが、私のような能力者にとっては出方がわかるので有利です。

布施　そんなに多くの霊能力者を雇っているのですか。

秋山　雇っています。それに彼はカジノを経営していますから、世界中の名だたる能力者をカジノに来させないようにしています。確率を偏らせるからです。だから必死で調べて、そういう人物のリストを作成して、出入り禁止にしているはずです。

布施 その知り合いは十一月三日に、鶏冠《とさか》のような髪で鳥のような口をした「青色の宇宙人」と、その背後に二つの影がある映像を見ています。これは何の象徴でしょうか。

秋山 その青色の宇宙人は、後ろにいる者のアバター（人工的に造られた自分の分身・キャラクター）です。ジェームズ・キャメロン監督による『アバター』という映画に出てきた「アバター」のように、色もまさに青色ですよね。

その映像から読み取れることは、今回の大統領選で、トランプを後ろで操っていたのが誰か、ということが重要だということです。トランプは四度、会社を破産させています。一度は九億ドルもの負債を負ったのですが、すぐに返済して四億五〇〇〇万ドルぐらいの資産を築いたと言われています。その起死回生ぶりが非常に怪しいです。日本でもバブル崩壊で一度苦境に陥った実業家の佐々木ベジ氏が、最近再び脚光を浴びるようになってきました。「鎌」が象徴しているように、何か急激な変化が起きているように感じられます。

シンボルが暗躍したサブリミナル選挙

布施 大統領選に関係するとみられるシンクロニシティとしては、開票日のちょうど一週間前に当たる十一月二日に、シカゴ・カブスが百八年ぶりにワールドシリーズを制しています。あれも尋常ではありませんでした。しかも、シカゴ・カブスのロゴマークを見ると、中央が赤で、周辺が青になっています。アメリカの大統領選は二〇〇〇年以降、民主党を支持する傾向がある州を「青い州《ブルー・ステイト》」、共和党を支持する傾向がある州を「赤い州《レッド・ステイト》」と呼び、色分けしてきました。つまり優勝したカブスのロゴマークは奇しくも、中央が共和党の赤い州で、西海岸と東海岸の縁《へり》が民主党の青い州となった選挙結果と、何となく似ているんです。

加えて、カブスのロゴマークの「C」をクリントンの「C」だと見なしたら、そのクリントンまでも赤く染まってしまったとシンボル的に解釈することもできます。実際の選挙結果でも、かなりの確率でクリントンが取ると思われた州も赤く染まりました。そうしたサブリミナル効果があったことと、百年以上も優勝から見放されていたカブスが勝ったことにより、何となく「ありえないことが起こりそうだ」という思いが潜在意識に刻まれて、それだけ大番狂わせが起きやすくなったと見ることができます。

秋山　カブスの優勝を含めて、一連の出来事には間違いなく、サイエネルギーが関与していました。しかも、確率を偏らせるようなことを起こして、あるいはそれが重なって、かつそこに株価の激しい変動が加わりました。株価は短期間に揺れ幅が大きいほど、儲かります。だから多くの人々も「動け、動け」と密かに念じるわけです。

布施　でもそれはシンクロニシティとはそういうものだ、ということでは説明できないのでしょうか。

秋山　できます。でもむしろ、初めて意図的に誰かが大掛かりなシンクロニシティを引き起こしたような気がしてなりません。というのも、偏りが世界的に固まって起きていたように思えるからです。インドでは再びモンキーマンが出現したという話も聞いています。そうした未曾有の現象を世界各地で起こしておいて、その中にトランプの大統領選の勝利がはめ込まれたわけです。

それほどトランプ呪術が凄かったということです。後ろに誰かがいたのだと思います。本当にシンクロニシティをコントロールする技術を持った人がいたはずです。アメリカはその技術をつかんだと思います。未来を予測していた。

布施　未来を予測していたとなると、一九八九年のアメリカ映画『バック・トゥ・ザ・フューチャー　PART2』が思い出されます。映画の物語では、トランプ氏がモデルだというビフ・タネンという男が、偶然手に入れた「未来のスポーツ年鑑」を使って競馬で儲けて大富豪になり、世の中を牛耳《ぎゅうじ》るようになったという設定になっていました。それが予言めいたシンクロニシティに思えてきます。

二〇〇〇年三月に放送されたテレビアニメシリーズ『ザ・シンプソンズ』でも、シンプソン家の長男バートが未来の世界を覗くことができる〝窓〟を手に入れ、二〇三〇年の世界を見たところ、〝トランプ大統領〟が在任期間を終えたところだったという設定でした。

秋山　集合無意識は既に「トランプ大統領」を察知していたわけですね。それが作品になった。

布施　確かに意識下においても、巧妙な仕掛けがあったように思われます。ヒラリー自身も敗因に挙げていますが、私用メール問題で米連邦捜査局（ＦＢＩ）がヒラリーの捜査を再開すると発表したのが投票日の九日前の十月二十八日でした。そして投票二日前の十一月六日、訴追見送りが決まります。この訴追見送りが、かえってヒラリーのイメージを損ねたようにも思われます。

というのも、既に捜査当局との裏取引の〝前科〟があることが明るみに出ているヒラリーに対して、多くの人が「またＦＢＩと裏取引をしたのではないか」と何となく疑念を抱くからです。それが潜在意識に刻まれ、疑いの心が現実化します。つまり、ヒラリーに「ノー」という投票をすることになるわけです。

秋山　なるほど、そうかもしれません。とにかくあの選挙では、両陣営が微妙な駆け引きをしていたのは事実です。たくさんの仕掛けもありました。両陣営が完全な下ネタの打ち合いみたいなことをしていますが、あれも性エネルギーを喚起させているわけです。それを利用した節があります。

そうしたエネルギーを全部、大統領選に投入して一大イベントに仕立て上げたのは間違いないと思います。

日本固有の「サイエネルギー」が奪い去られてしまった

布施　ところで、投票日当日の十一月八日、インドが高額紙幣の廃止を発表しています。これも怪しい。なぜなら、9・11テロがあった二〇〇一年にインドでモンキーマンが出現したことからもわかるように、アメリカとインドが霊的につながっていることがわかっているからです。これも何か関係があるのでしょうか。

秋山　あるように思います。

布施　同じ十一月八日には、九州・博多の駅前の道路が陥没した事件がありました。

秋山　あれはものすごく関係があります。というのも、ポルターガイスト現象が起こる前には、真ん丸か真四角の陥没が起きる場合が多いのです。一九九〇年にロシアのポルターガイスト調査委員会の人にいくつかポルターガイストが発生した現場に連れて行ってもらったのですが、必ずと言っていいほど、部屋の窓の上に真ん丸の穴が開いていました。それもコンパスを使って精確に切ったような丸い穴です。

日本でも同じような穴が開いたポルターガイスト現象がありました。二〇〇〇年八月のお盆のころ、前年に完成したばかりの岐阜県富加町《とみかちょう》の町営住宅で、ポルターガイスト現象が頻繁に起きました。怪音が響いたかと思うと、食器棚が開いて二メートルぐらいお皿が飛んだり、コンセントの抜けたドライヤーから熱風が出たりする現象が相次ぎ、メディアを巻き込んだ大騒ぎとなって、十月には報道陣が現場の町営住宅に殺到しました。その直後の十月六日、その住人の一人の出身地を震源とする鳥取県西部地震が発生しました。つまり、その震源地の出身者が住む岐阜の町営住宅で、ポルターガイストが起こったわけです。そのときも、お茶碗が真四角に切ったように割れました。その報道を見た瞬間に、私は「本物だ！」と直感しました。

要するに、博多で起きた、地面に丸く穴が開いた陥没事故も、異常な事態が起こる前触れとしてシンクロニシティ的に発生しています。あの真ん丸の穴の開き方は、まさしくポルターガイストが起きる前の象徴的な現象と同じです。

日本列島の形はよく龍の形に譬《たと》えられます。その場合、九州は龍の腰に当たります。つまり、あの丸い穴を見て、ああ、とうとう火の国・九州という日本の要《かなめ》に当たる丹田《たんでん》のような場所に巨大な穴を開けられたのか、と思いました。龍体の丹田に穴を開けて、すさまじいポルターガイスト的エネルギーを放出させて、誰かが一気に奪い去ったように感じました。

布施　そのエネルギーをトランプのほうへ持って行ったというのですか。

秋山　私は何者かが持って行ったと思います。日本人のサイエネルギーを使うというのは、最大の呪術です。

布施　でもどうやったら、あのような巨大な穴を開けられるのですか。

秋山　そのやり方が一体何だったのか、わかりません。トランプ候補の一行が選挙キャンペーン中にアメリカ全土をどの順番でどのように遊説して回ったかとか、どこでどういう発言をしたかということと関連しているような気がします。そのようなトランプ呪術があったのではないかと私は見ます。

布施　そこまでやっているんでしょうか。

秋山　多分やっていると思います。石原慎太郎氏がかつて都知事選のときに似たようなことをやったと聞いています。彼は浅草から選挙運動を始めたはずです。ある風水師がバックについていたと聞いています。その風水師がどこから選挙戦を開始して、どこに選挙事務所を置くのがいいか指南した、と。

浅草は超常現象が最もよく起きている場所でもあります。昼間から行燈《あんどん》が空を飛んでいたとかいう話があるくらいです。だから浅草を選んだのだと思います。

ですから、何者かが日本から霊的なエネルギーを吸収しようと考えたとしても、不思議ではありません。それがトランプなのか、あるいはトランプの周辺にいる誰かなのかはわかりません。少なくとも、トランプが大統領になることによって利益を得られる呪術師がアメリカにいて、シンクロニシティ現象を意図的に起こした気がしてなりません。

大統領選はサイキック・プロレス興行だった

布施　すると、ヒラリー陣営の敗因は、指南役の陰陽師がいなかったからということになるのでしょうか。

秋山　ヒラリーだって最初から「当て馬」になることを納得のうえで、立候補した疑いがあります。先ほど布施さんの知人が見たという、青色の宇宙人アバターの映像を解釈すると、アバターの背後にいる二つの影は、もしかしたらヒラリーとトランプのことかもしれません。その場合アバターは、大統領選を擬人化したイメージです。

布施　大統領選は出来レースだったというのですか。それではまるで、ヒラリーとトランプが共演したプロレス興行みたいですね。

秋山　実際そうかもしれません。少なくとも潜在意識レベルにおいてはそうでした。ヒラリーが最初から八百長プロレスに参加したのかはわかりませんが、ヒラリーの潜在意識の中では、最初から大統領選の結果などどうでもいいという思いが刻まれていたのではないでしょうか。やる気がなかった。なぜなら、今まであれだけ儲けの種を作ってきて、儲けきっている、蓄財できているからです。

既にクリントン系企業や財団はすごく儲けています。儲けまくっているのに、あの博打で事前にお金を集めておいて、「大統領選はダメでした。チャンチャン」で終わらせる。集めておいて、使わなければいいのです。勝っているように見せかけて、企業などから莫大なマネーを吸い上げておいて、それで勝たないというのが一番儲かります。そのほうが、変なしがらみを断ち切れますから。

加えて健康問題もあります。心の中ではやりたくないという気持ちがあったはずです。

布施　するとヒラリーは満身創痍の老骨にムチ打って、巧妙に仕組まれた興行にあえて〝悪と戦うプロレスラー〟として出演、一世一代の大博打を打ったことになります。

秋山　そう見ることもできます。そもそもアメリカの大統領選が世界中の人々を巻き込んだ一大興行になりうることに気がついたのは、二〇〇〇年の大統領選でアル・ゴアと大接戦を演じて勝利したジョージ・W・ブッシュです。

ところが、次のバラク・オバマが大統領になっても大統領選があまり盛り上がりませんでした。そこで今度は、あらゆるプロレス的要素を取り入れて、大統領選を最高の興行にすることを考え出したわけです。その一つが、悪役を投入することです。悪玉と善玉の対戦です。

布施　そう言えば、ジョージ・W・ブッシュ大統領はすぐ、ものごとを白と黒に分けました。「お前は敵か味方か」と。「悪玉」のテロリストと「善玉」のアメリカが争う図式は、プロレスそのものです。それにメディアを使って、共和党を赤、民主党を青というように明確に二つに分け始めたのも二〇〇〇年の選挙からでした。

秋山　単純化してわかりやすくすることによって、多くの人を呼び込んだわけです。今回の選挙のように、目まぐるしく悪玉が善玉になったり、善玉が悪玉になったりしたのは、まさにプロレス興行と同じです。観客はその意外性を見て、大いに浮かれて楽しんだはずです。次は一体どうなるんだろう、と固唾を飲んで見守った。皆がそれぞれ応援するキャラクターのレスラーに感情移入して、大いに盛り上がりました。興行は大成功です。

多くの人の心が騒げば、それだけ大きなシンクロニシティを引き起こすことができます。地球規模の一大イベントの出来上がりです。小泉純一郎元首相も、ブッシュからその手法を学んだと聞いています。当然、ブッシュ一族の金儲けの手法にも気づいたはずです。

おそらく今回の選挙の興行主の一人は、ブッシュ一族です。純粋なビジネスとしての大統領選に、その集金システムの仕組みに、大金を賭けているのではないでしょうか。

布施　その大統領選のトランプの勝利に、日本も、サイエネルギーという形で出資したことになります。

秋山　そうなります。でも逆に言えば、そこまでの秘技をトランプに提供したとすれば、日本は安泰です。もしかしたらバブル景気が再燃するかもしれません。そう考えると、むしろこれは日本からの呪術だったのではないかという感じもしなくはありません。トランプにサイエネルギーを差し出しておいて、二〇二〇年の東京オリンピックに向けて上昇機運に乗るという呪術です。

布施　トランプが勝ったことで、日本のカジノ構想にも弾みがつくでしょう。事実、カジノ法案は国会ですんなりと可決されてしまいました。ただし、カジノ構想には強い懸念もあります。ただでさえ、怪しげなマインドレースが幅を利かせているのに、これ以上日本に呪術を持ち込まれたらたまりませんからね。

秋山　そうした意図的にシンクロニシティを起こす呪術があるんだということを多くの人が意識するだけでも、結果は違ってきます。変な意図のある、人為的なシンクロニシティがあったとしても、少なくともこちらがそのことを意識すれば、それに巻き込まれなくなります。

布施　そうした呪術があることを顕在化させておけば、たちの悪いシンクロニシティにも歯止めをかけることができるかもしれないわけですね。

今、ふと思ったんですが、そうしたシンクロニシティ現象を利用した呪術が横行するようになったとして、その呪術と呪術がぶつかり合ったら、どうなるのでしょうか。

秋山　呪術合戦を制するのは誰か、ということですね。考えられるのは、どちらの想念がより強いかです。より明確なビジョンを心の中に描けた勢力が勝ちます。言い換えると、潜在意識に刻まれた思いが、どちらの側が純粋かで決まると思います。

布施　では、まったく同じくらいの強さであったらどうなるのでしょう。卓球の「水谷選手」と「水谷選手」が戦うことになったら、どうなるのか、という質問でもあります。

秋山　強さが全く同じだったら、ですか。多分、観客席にいる、試合とはまったく関係ないと思われる純真無垢な子供が、どちらに微笑むかどうかの一票で決まったりするのだと思います（笑）。

「9・11」と「3・11」、動かしがたい奇妙な符合

布施　ところで、大統領選の開票があった十一月九日は、日本の119番ということになります。そうすると、9・11テロから十年経った二〇一一年に、しかも九月十一日から数えるとちょうど六カ月後の三月十一日に、3・11の東日本大震災が発生したのも奇怪です。しかもほとんどの人は知らないことですが、311番と言えば、アメリカやカナダの多くの地域では、緊急時以外に警察などに連絡する際にかける電話番号なんです。少なくとも、北米大陸の人々の潜在意識では9・11と3・11は結び付いています。

それにラテンアメリカの人々に九月十一日について何を思い出しますかと聞けば、必ず一九七三年九月十一日にチリの首都サンティアゴ・デ・チレで発生した凄惨な流血クーデターを挙げるはずです。それほど衝撃的な残虐事件でした。なにしろ世界で初めて自由選挙によって合法的に選出された社会主義政権を、軍部が武力で覆しただけでなく、その後

も暗殺やむごたらしい粛清が続いた事件なんですから。しかもそれは、当時のリチャード・ニクソン米大統領や、この事件のすぐ後に国務長官に就任するヘンリー・キッシンジャーを親玉とするＣＩＡが仕組んだクーデターだったことがわかっています。つまり、アメリカによるテロだったわけです。

その同じ日にアメリカでテロが起きたというのは、間違いなく意味のある偶然の一致であり、メッセージのように思われます。同時に、３・１１が起きたというのも集合無意識からのメッセージになりうると思うんですよね。この三つの事象には、いまだに私たちの知らないメッセージが隠されているように思われます。

秋山　二〇〇一年、二〇一一年、二〇一六年と大きな事件があったわけですから、二〇〇六年にも何かあったのではないですか。

布施　実は調べてみました。すると、けっこう大きなシンクロニシティ的な事件があったことがわかったんです。七月十一日には、またもやインドのマハーラーシュトラ州の州都ムンバイで、ムンバイ近郊鉄道の車両が七カ所で爆破された同時多発テロ事件が発生しています。会社などからの帰宅時間を狙った犯行で、最終的な死者が二百九人、負傷者は七百人を超えました。

十一日ではありませんが、九月十一日から五日が経過した十六日には、タイ・ソンクラー県ハートヤイで、同時多発爆弾テロ事件が発生して、外国人を含む五人が死亡、六十八人が負傷しました。
そして物議を醸《かも》したのは、十月十一日のニューヨークのマンハッタンで高層マンションに小型機が衝突・炎上した小型機衝突事故です。その事故は五十階建ての高層ビルの四十階付近に小型機が突っ込むという、9・11テロ事件に似た光景であったことや、現場が世界貿易センタービルから北に八キロほどしか離れていなかったことから、当初テロの疑いがもたれ、大騒ぎとなりました。結局、大リーグのニューヨーク・ヤンキースのコリー・ライドル選手が操縦していた小型機が何らかのトラブルを起こして激突したのではないかとみられていますが、この事故でライドル選手を含む二人が死亡、消防士十一人が負傷しています。

秋山　そうだとしたら今度は、東京オリンピック開催翌年の二〇二一年に何か起こる可能性があります。9・11、3・11と来たから、今度はまた9・11かもしれないし、裏をかいて6・11とか11・3とか1・13かもしれません。110番の1・10もありえます。

いずれにしても、オリンピックで日本中が浮かれて、その後油断したときに何かが起こる可能性が強まります。でも言挙げして「危険」を顕在意識化すれば、ある程度は避けたり防いだりすることができるはずです。

シンクロニシティこそが人類の未来を決めるカギ

布施　それにしても、律儀に五年とか十年とかの間隔でシンクロニシティが発生するのはなぜでしょうか。

秋山　それは意識と連動しているからです。大きな事件や事故が発生して、その悲しみが顕在意識にあるうちは、同じような事件や事故は起こりません。あるいは起こりづらくなります。ところが、大きな悲しい事件や事故でも、だいたい五年くらいで人々の記憶は薄れ、悲惨な悲しみは潜在意識へと沈み込みます。すると、潜在意識に刻まれた悲しみが現実化するような現象が現れます。そうした現象が引き寄せられるのです。

つまり記憶の風化と、災害や事件の発生は関連があるわけです。記憶が風化すればするほど、同じような災害や事件は発生しやすくなります。天災が忘れたころにやって来るのは、そのためです。

布施　顕在意識から潜在意識に落とし込まれると、落とし込まれた想念のパターンが象徴的な現象として現れやすくなるからですね。別な言い方をすれば、潜在意識に刻まれた想念のパターンと似た同質なものが引き寄せられて、私たちの目の前で現象化する、と。

秋山　そうです。だから一年ごとに何らかの儀礼や儀式をやることは、悲しみなどの感情を顕在化させることになりますから、理に適《かな》っているわけです。たとえば法要も、悲しみを潜在意識に落とし込まないようにするために必要な儀式です。過去の痛みや苦しみ、悲しみを忘れたころ、その痛みや苦しみ、悲しみが現象として現れます。だから改めて思い出して、自分の感情と向き合う必要があるわけです。そして年月をかけて、悲しみと折り合いをつけながら、悲しみをだんだんと消していきます。完全に消えれば、悲しみが意識下で膨張して現象化することもありません。

歴史が繰り返すのもこれに似ています。過去を忘れたころ、パターンが繰り返されます。過去の痛みや失敗を忘れたころ、慢心が意識下で生じます。すると、潜在意識の底に刻まれた慢心が現実化したような象徴的な現象が引き寄せられて発生します。

戦争も同じです。戦争の悲惨さが顕在意識や記憶に残っているうちは、戦争は起こりません。少なくとも起こりづらくなります。ところが月日が流れ、記憶が風化したときに、何となく戦争を美化するような風潮が生まれます。すると人々は「戦争は何となくかっこいいよね」とか、「戦争は何かを変えるものだよね」とか、「今の閉塞感を打破してくれるものだよね」などと淡く思い始めます。すると、それが深く潜在意識に刻まれてしまうんです。潜在意識に深く刻まれたものは、それと同質のものが引き寄せられることにより現実化します。まさに「引いて」「起こす」、引き起こすわけです。

だから、戦争の悲惨さの記憶をどのようにして顕在意識の中で保つかが、人類の未来を決めることにもなるわけです。未来において、人類が戦争を選ぶのか、平和を選ぶのかは、人類の集合無意識が決めます。人類が負った心の傷がまだ完全に癒されていないのに、悲惨さの記憶だけが薄れていけば、そのギャップによって、潜在意識の中に怨念のような感情が溜まっていきます。

布施　ということは、過去を見つめながらも、悲しみや怒り、不満といった否定的な感情とどう向き合うのかが、人類の未来の鍵となるわけですね。そうした否定的な感情と折り合いをつける所作が必要だ、と。

秋山　そうです。逆に言うと、口に出して怒っているうちは、まだいいということです。口に出さずに潜在意識に否定的な感情を落とし込み続けると、そのネガティブな感情が潜在意識の中でマグマのように溜まります。そしていつか必ず、それは火山の大噴火のように爆発して巨大な現象を引き起こすわけです。

布施　それを避けるためにも、個々の潜在意識や集合無意識が、シンクロニシティ現象を通じて私たちに何を知らせようとしているかを的確に把握することが不可欠なわけですね。少なくとも私たちの周りで起きているシンクロニシティに気がつかなくてはいけない、と。まさにシンクロニシティを知ることが、人類の未来に待ち受ける困難を乗り越えるカギになると言えそうです。

秋山　その通りです。私たちの潜在意識はすべてを知っています。集合無意識は人類の未来に何が起こるか、何が起こりそうなのかを察知しているんです。だから、それを私たちに何とか知らせようとして、集合無意識に深く刻まれた人類の心の状態をシンボルとして現象化させるわけです。

人類に対する大きなシンクロニシティも、個人の周辺で起きる小さなシンクロニシティも結局、同じです。私たちが幸せになれるのか、人類が平和的、発展的に存続できるのかは、私たちの潜在意識や集合無意識から送られてくるメッセージの真の意味に、私たちが気づくかどうかにかかっています。

〝意識〟が気づけば、世界は大変容する

およそ二年前、出版社から「シンクロニシティ」について書かないか、という打診があった。そのときは、興味はあったものの、その現象に対する知識も体験も少ないと思ったので保留にしておいた。その後、歴史関連の原稿を書き終えて、ふと心に浮かんだのが「シンクロニシティ」であった。

私は早速、この本の共著者である秋山氏に会って、シンクロニシティの話を聞くことにした。すると、どうであろうか。秋山氏とちょっと話しただけで、既に私が数えきれないほどのシンクロニシティを体験していたことを思い出したのだ。しかも、知らず知らずのうちに、シンクロニシティ発生装置ともいえる潜在意識を活用していたことに気がついた。

いくつか例を挙げよう。私は、執筆中に頭が疲れて行き詰まったとき、無理せずに就寝する。そのとき、寝るちょっと前に潜在意識に対して、「この章と次の章をつなぐ部分の原稿を考えておいてくれ」とさり気なく頼む。すると、朝起きたときに、そのつなぎの部分の原稿や言葉

が、無尽蔵に湧き出る泉のように溢れ出す。しかも、その言葉の洪水があまりにも速くて膨大な量なので、殴り書きで要点メモを取るのがやっとのほどである。そして執筆して、ふと我に返ると、いつの間にか二時間も経っているという不思議な気持ちになる。

実は、これもシンクロニシティなのだ。明確な目標やテーマを設定して、淡く思ったことにより、それが潜在意識に刻まれる。寝ている間に潜在意識は、「想念の粒子」を使って、時空を超えて飛び回り、関連情報を集め、しかも長文の原稿を仕上げておいてくれるのだ。

この手法を、もっと簡単なことにも使っている。「明日は七時に起きるので、よろしく」と潜在意識に何げなく頼んでおけば、朝の七時が近づくころ、潜在意識が目覚まし時計のように「騒ぎ出す」ので、自然に起きることができるわけだ。

要するに、明確なテーマを設定してやりさえすれば、潜在意識はそのテーマに関連する出来事や情報を引き寄せて、シンクロニシティを起こしてくれるわけである。

しかし、ここで既存の科学との軋轢《あつれき》も生まれる。意識下の心の状態が現象として現れてしまっては困るからだ。既に説明したように、もし潜在意識の中に刻まれた純粋信念が現実化してしまうなら、実験や追試をするたびに、違った現象が現れてしまうことになる。

たとえば、実験者や被験者の心の状態によって実験結果が変わってしまう現象としては、「バクスター効果」が知られている。サボテンなどの植物が、人間の心の状態に反応しているかのような現象を起こすからだ。

「植物が人間の思考を読み取り、反応する」などと言おうものなら、当然、科学者は完全否定する。だが、イギリスの王立園芸協会の実験では、植物が人の声に応えるだけでなく、ある特定の声（少なくとも男性よりも女性の声）のほうが、植物の成長を促すのに有効だという結果が出ている。

植物が私たちの心の状態に応えて育つことは、植物を育てたことのある人のほとんどが経験しているのではないだろうか。イギリスの生物学者ルパート・シェルドレイク氏が仮説を立てた「飼い主が家に帰ろうと意識した瞬間、愛犬が帰宅を予知したような行動を起こす」現象も、被験者の心の状態を反映したものだ。

このような現象は量子論の世界にもある。「シュレーディンガーの猫のパラドックス」のように、「量子は観測するまではどっちつかずの状態で存在している」からだ。このパラドックスを解決するには、無数の並行宇宙《パラレル・ワールド》を想定するか、「意識が存在を決定づける」と考えるしか、ほかに有効な方法はない。

意識が存在を決定づける——こんな馬鹿げた話はない。かつてアルベルト・アインシュタインも量子論は間違っていることを証明しようとして、量子論が正しいとすると、「ある場所での攪乱が、即座に宇宙の遠く離れた場所に影響しうる」（量子力学の非局所性）ことを立証した。しかし、こうした現象がありうることは、先に紹介した「量子テレポーテーション」の実験で確認されはじめている。

量子論の世界は、唯物的な科学の世界と、唯心的な神の世界の狭間にあるような世界だ。唯物科学にとって幸いなのは、いまはまだ量子論的世界は極小の粒子の世界でしか観測されていないことである。だがもし、私たちのもっと身近な世界で、「意識が存在を決定づける量子論的現象」が確認されはじめたらどうなるのか。そのような現象があることに科学が気づいた場合、唯物的科学は大変容を遂げなければならなくなる。

どのような大変容か。たとえばそれは、「フラットランド」の住人が三次元世界の物体に気づいたときに起こる「意識の大変革」のようなものだ。簡単に言うと、彼らの集合無意識が三次元の空間を認識した瞬間に、フラットランドは三次元世界に変容するのだ。薄っぺらの顔が立体の顔になり、前後左右の平面しか歩けなかった人たちは、上下左右の空間を自由に闊歩するようになる。

意識が気づけば、世界はそのように広がり、変容するのである。

科学が見て見ぬふりをする理由

思えば科学の歴史は、こうした試行錯誤の連続であった。二十世紀の初頭、東南アジアを旅行した欧米の旅行家たちは河岸に沿って数キロにわたってホタルの大群が一斉にシンクロして明滅するのを目撃、感嘆の声を上げた。この現象は当時の『サイエンス』誌に何度か論文として発表されたが、「瞼《まぶた》の急激な痙攣《けいれん》によって生み出された錯覚」とか「ただの偶然」として片づけられ、ほとんど信用されなかった。

ところがその後の研究で、ホタルの各個体には振動子（一定の周波数で発振する素子）が備わっており、ホタルが互いに合図し合うことで発光のタイミングが自動的に調整されることがわかってきた。そして、どうやら原子から動物、人類から惑星に至る広大な宇宙で、ものごとを同期《シンクロ》に向かわせる傾向があることに気づいたのである。

だが、科学がそのことに気がつきはじめたのは、つい最近のことだ。イギリスのミレニアムプロジェクトの一つとして二〇〇〇年六月十日に一般公開された歩行者専用の吊り橋「ロンドン・ミレニアム・ブリッジ」は、予想しなかった大きな横揺れが発生したため開通二日後に閉鎖となった。多数の歩行者が歩く振動により、ひとたび橋が一定間隔で揺れはじめると、最初はバラバラで歩いている橋の上の人たちがそれに合わせて動くようになり、振動が増幅され、最後は全員の動きがシンクロして橋を大きく揺り動かしてしまうのである。その原因をようやく突き止めて、横揺れ防止の補強が施されて再開通したのは、二〇〇二年二月二十二日だった。

こうした同期現象は何も生物だけが関与して起こるものではない。振動を共有する、比較的一定方向に動きやすい台の上に置かれたメトロノームは、同じ速度に設定すれば、スタート時間をずらして何台置いても、最初はてんでんばらばらにリズム音を出していたのが、やがては同期して一斉に同じリズム音を刻むことがわかっている。さながら、優秀な指揮者によって完壁に息が合った合唱団のコーラスのようである。

一斉にコーラス現象を起こすのは、量子も同じだ。絶対零度(摂氏マイナス273・15度)近くの低温まで冷やされたとき、数千にも及ぶ粒子が一つとなって振る舞うような「ボース－アインシュタイン凝縮」という状態があることが知られている。この凝縮が起こるとき、個々の粒子は合体して、あたかもたった一つの巨大な「超粒子」を形成し、量子波はすべて完璧に足並みを揃えて同期する。

超伝導(絶対零度近くの極低温で、ある種の単体金属で電気抵抗が消失する現象)も同じような理論によって発生する。既に普及しているレーザーも、膨大な数の光子が同期して、まるで一つの巨大な光波のように振る舞うことによって発生させることができるのである。

科学が理解しつつあるこうした同期現象が、シンクロニシティ現象と同じものであると主張するつもりは全くない。確かに似ているが、似て非なるものである。なぜなら私たちが目撃し、体験したシンクロニシティ現象の中には、科学のどのような理論を使っても到底説明がつかない現象が数えきれないほどあるからだ。

この本で取り上げたシンクロニシティ現象は、振動を共有する台の上に載せた複数のメトロノームがやがて同期するような現象ではない。今この目の前のピアノの上でリズムを刻むメトロノームが、十九世紀にドイツの作曲家ブラームスが弾いているピアノの上にあったメトロノームとシンクロを起こすような、時空を超えた現象なのである。

当然、科学者の多くは、かつて二十世紀の初めにホタルの群れが一斉に同期して発光を繰り返すことを否定したように、そのようなことはありえないとして拒絶するだろう。確かに、この現象を理解するには、「想念の量子」といった、少なくとも時空間を超越して自由自在に動き回る量子が存在することを仮定しないとならない。本当にそのような量子があるのか、あるとすれば、どのように確認すればいいのか――そもそも、そうしたことを全く想像すらできないのが、今の科学の現状である。それでも、実際にそれが起きているのがこの世界だ。

ということは、こんなにもシンクロニシティ現象が報告されているのにもかかわらず、現代の唯物的科学はまだ、その現象すら認めようとせず、見て見ぬふりをしているように思われる。そうした態度もわからなくはない。超常現象を真面目に取り上げようものなら、東京帝国大学で超心理学を研究した福来友吉《ふくらいともきち》博士のように、学界から「石もて追われる」のは目に見えているからだ。

現代の魔女狩りは「バカの壁」によって起こる

イギリスの天才物理学者ブライアン・ジョゼフソン（一九四〇年〜）も、おそらく同じような苦悩を味わった一人だ。彼は、超伝導の原理の一つを説明したジョゼフソン効果で知られ、その研究で一九七三年、三十三歳の若さでノーベル物理学賞を受賞した。その後、量子力学の難問に取り組みながら、超常現象の研究に没頭するようになったが、同僚やアカデミズムの人間からは変人扱いされるようになった。

それが顕著に表れたのが、二〇〇一年に英国郵政公社が「ノーベル賞一〇〇周年」を記念して特別記念切手を発行したときだ。切手に添えられた同公社の小冊子にジョゼフソンが「量子論の発展は、従来の科学ではいまだに理解されていないテレパシーのような作用の説明を可能にするかもしれない。イギリスはその研究の最前線にいる」と書いたために、イギリスをはじめとする物理学界の重鎮から「馬鹿げている。テレパシーなど存在しない」「テレパシーがあるなどと信じている学者はほとんどいない」など、強烈なアレルギー反応のような批判の声が上がった。テレパシーのような現象が、いずれ科学で解明されるかもしれないと書いただけにもかかわらず、この有り様だ。

これに対しジョゼフソンは、英オブザーバー紙の取材に応え、「テレパシーは存在するし、量子物理学が（テレパシーなどの超常現象の）特性の解明に役立つと思う」としたうえで、次のように語った。「『ネイチャー』や『サイエンス』といった科学雑誌は、（超常現象の）研究を検閲している。テレパシーの実在を示す証拠はたくさんあるのに、まったく不公正にも、そうした論文は拒絶されている」

ジョゼフソンが主張しているように、科学者やメディアは、シンクロニシティをはじめ、スプーン曲げや遠隔視、ＥＳＰ（超感覚知覚）などの超常現象にもっと興味を持ち、真面目に検討すべきなのだ。

私はよく、既成の科学に囚われ、常識の虜《とりこ》になっている人たちを「井の中の蛙」と同じではないか、と考えてしまうことがある。狭い井戸の壁だけを見ていては、外の大海を知ることはできない。ところが、心の底から見ようと意識するだけで、その大海は目の前に広がるのである。一方で精神世界にどっぷりつかっている人は、現実を直視せずに、かなり独善的に物事を解釈したり思い込みが激しかったりする傾向があるように思われる。やはりそれも、自分の周りに「バカの壁」を作るようなものだ。

かつて秋山眞人氏とコンタクトした宇宙人は、彼をUFOに搭乗させて〝宇宙の果て〟にある「靄《もや》の壁」まで連れて行ってくれたことがあったという。そのとき宇宙人は、〝宇宙の果て〟の壁の向こう側には地球人では想像もできないような世界が広がっていることを示唆したうえで、「純粋に科学的にアプローチしていくことによって我々は、宇宙に秩序・法則があり、その根幹には明確な意思があることを突き止めた。それは意識だけの存在で、そこには初めも終わりもなく、たくさんは一つであり、一つはたくさんである。そして、過去・現在・未来は同時に変えられる」と語ったという。

おそらくこの「意思」は、秋山氏の言う「宇宙の〝支配者〟」であるだけでなく、「我々の潜在意識の奥深いところにある意思」とつながっているものなのではないだろうか。その「意思」はシンクロニシティ現象を作り出して、私たちにこの宇宙を行き切る知恵を授けているのである。

収束か序章か、目が離せないシンクロの嵐

古神道の世界では、「偶然は神」なのだという。実はこの言葉こそ、宇宙創生のすべてを暗示している。「光あれ」と思った瞬間に光が存在するシンクロニシティこそ、神の世界にほかならないからだ。

科学の先にはシンクロニシティがあり、〝神〟がそのことに気がつくのを待っているのである。それに気づくこともなく、シンクロニシティがもたらしてくれる知恵と叡智を利用しないのは、あまりにも情けないし、もったいない。あなたが本当に真実の探求者であるならば、あるものはあると認め、真摯に耳を傾けるべきなのだ。

科学が今後、飛躍的に進歩できるとしたら、それは宇宙の法則であるシンクロニシティに気がつき、その解明に全力を挙げたときではないかとしみじみと思う。その一方で、精神世界に身を置く人たちも、もっと科学を勉強して理解すべきである。科学と精神世界が手を取り合えば、シンクロニシティ現象を含む宇宙の謎を解明することも可能だろう。あとは両者にその度量と覚悟があるかどうかにかかっている。

一九五八年のある日、「パウリ効果」で知られる物理学者のパウリは、健康診断のためにチ

ユーリッヒの病院に検査入院した。通された部屋にやってきたパウリは、その部屋の番号を見て、腰を抜かさんばかりに驚いた。137号室だったのだ。実はパウリにとって137という数字は、非常に意味があった。彼は生涯を通じて、微細構造定数（電磁相互作用の強さを表す物理定数）が137分の1に近い値を持つのはなぜか、という問題に取り組んでいたからだ。彼はその数字のシンクロニシティを半ば得意気に見舞客に語ったという。

しかしながら、検査の結果、膵臓がんを患っていたことがわかったパウリは、その年の十二月十五日、その137号室のベッドで息を引き取った。ユング同様、まさに最期までシンクロニシティに彩られた人生だった。それは、当代屈指の物理学者でありながら、シンクロニシティ現象に理解を示したパウリへの、〝神〟からのささやかな「手向《たむ》けの洒落」のようなものだったのではないだろうか。

＊＊＊＊＊＊

本書を執筆しているとき、東京・都心は五十四年ぶりの十一月の初雪となった。私の書斎の窓からも、横なぐりの吹雪が家々の屋根や木々をみるみると白く染めていった。

カブスの百八年ぶりの優勝、米大統領選で大方の予想を覆して当選したトランプフィーバー、六十八年ぶりのスーパームーン、五十四年ぶりの初雪――思えば、二〇一六年の後半は「ありがたい」現象のオンパレードだった。一〇八から五四に半減したのだから、その異常な現象もトランプ勝利を境に沈静化しつつあるように思える。しかし、初雪は五十四年ぶりでも、十一月の都心の積雪は観測史上初めてだという。

　果たして人類の集合無意識が惹き起こす、異常を告げるシンクロニシティは、これで終わったのか。あるいはトランプの大統領選「大番狂わせの勝利」ですら、これから起こるシンクロニシティの序章に過ぎないのであろうか。これからも目が離せない。

二〇一六年十二月

布施泰和

秋山眞人氏からの提言 ― シンクロニシティが開く新しい智の地平線

シンクロニシティは実用的な現象である

シンクロニシティは誰もが経験したことがある不思議な現象ですが、精神世界ではシンクロニシティという漠然とした概念だけがどんどん独り歩きしている感が否めません。それは、広い意味で言ったら、いいことです。普通では考えられない「A」と「B」という接点のない存在が、どこかでつながっているのではないかと考える。そういうアプローチは悪いことではありません。

しかし、「A」と「B」がつながっていると考えることと、「A」と「B」はまったくつながっていないと考えることを等しく考えながら、そこを超えてみることも大事です。つまりヘーゲル的に言わせれば、アウフヘーベン（止揚《しよう》：矛盾する諸契機の統合的発展。違った考え方を持ち寄って議論を行い、そこからそれまでの考え方とは異なる新しい考え方を統合させてゆくこと）してみることです。

最近ちょっと困るのは、明らかに飛行機雲の写真を持って来て、「ほらほら、秋山さん。龍神ですよね」と言ってくる人が多いことです。またオーブが写真に写ることが最近すごく多いと思いますが、オーブを理解しない人にその写真を見せれば、埃《ほこり》がフラッシュに反射したものだと言われるのが落ちです。

実際、オーブと言われている写真の中には、埃などの粒子がフラッシュに反射したものもありります。だから、人が住んでいない「お化け屋敷」で写真を撮ると、オーブが写るのは当たり前なんです。人が住んでいないので埃がたくさん舞っているからです。人がたくさんいるパーティーでオーブがたくさん写ったとしても、それは埃が舞っているからかもしれないわけです。ところが、その一方で、龍神がいるとされる場所でオーブを撮った人がいて、その写真を見ると、写っているオーブ全部にとぐろを巻いた龍が写り込んでいるケースを見たことがあります。また、オーブの中に人の顔がいくつも浮かび上がるといった写真も見たことがあります。オーブの中にヘブライ文字のようなものが写っているケースもあります。

確かに埃がピンボケになって偶然そのように写る可能性もあるかもしれません。ところが、そのオーブが意味を持ってしまうことが起こりうるわけです。だから、オーブという現象一つを見ても、否定的で合理的な考え方をする人、あくまでも価値論的な方法しか考えない人と、ある意味、見えない世界や不可知論的な世界を受容するタイプの人がいるなど、一つの現象を観察しても考え方が分かれてしまうわけです。

だけど、シンクロニシティ的な、何かメッセージ性がその現象の中にあるんだと考えることは、とても面白いことです。スイスの心理学者カール・グスタフ・ユングが「意味のある偶然の一致」という現象があることを紹介したことによって、心理分析の地平線をちょっと広げたと私は思っています。

しかし、まだまだこの現象は科学では及びもつかないことだし、量子論的説明をそこに付け加えてしまうことは、かなり乱暴で非科学的です。

たぶんシンクロニシティは、逆に科学がまったく及ばないことだから面白くもあるわけです。言い換えれば、その現象があることこそ、宇宙の意思というか、宇宙の大局的知性の存在証明になりうると思っています。

その存在を宗教的な「神」という言葉で呼んでいいのかどうかは疑問です。「神」という言葉にはさんざん手垢が付いています。私には「神」さえ超えた、「神」「仏」という言葉さえ超えた、この世の秩序や情報を全部、一声《ひとこえ》で綺麗に縦横そろえられるような「意思」があると思えるのです。これまでシンクロニシティを経験してきて、それを経験すればするほど、そういうものがあると考えざるをえなくなります。

この本の中で私は、これまで経験してきた、いろいろなシンクロニシティについて触れました。シンクロニシティは実際の経験で話をするしかありません。「シンクロニシティはこのように響く」とか、「求めるところいう風に答えが返って来る」とか、「こういうパターンの癖がある」とか、できるだけ深く話をしたつもりです。一般の方には難しい話もあるかもしれませんが、そろそろ偶然ではない本当のシンクロニシティ現象と向き合うときではないか、と考えました。

一つ強調したいのは、シンクロニシティは、UFOやオカルティックなものなどに全部絡みますが、それ以上にとても実用的であることです。実生活の中で、今日、いま、すぐに使えるものこそシンクロニシティです。オカルティックな世界の中のテーマとして挙げられるものの中では、最も意味がはっきりしていて、実は最も実用的です。

でも残念ながら、シンクロニシティを信じている人の中には、それが非常に実用的で現実的であると信じていない人もいます。ここに最大の問題があります。シンクロニシティをいい加減にしか解釈しないからです。

昔の巫女《みこ》と審神者《さにわ》という人たちの組み合わせだとか、山岳修験道《しゅげんどう》もそうだったと思いますが、昔はこのシンクロニシティをどう読んでいくかという知恵の集積がそこにはありました。中国の易にしても、中東のエニアグラムにしても、あらゆる宗教儀礼がこのシンクロニシティと実際にはセットになっており、シンクロニシティとどう付き合っていくかということの中において、宇宙と自己の同一化の概念が発達していったのだと私は見ています。

たとえば、世界の古代遺跡の中には、世界共通のドルメンがあります。たぶん、あのように石をベンチ型に組んで、特定の時期に、特定の場所にドルメンを建てると、何か特定のことがきっと起きたのだと思うんです。実際に何が起こったかを知りたい人は、ドルメンを建ててみればいいのです。

ピラミッドもそうです。やはり特定の時期に、特定の場所に、頑張って巨石を組み上げて建てたのです。それによって宇宙の何かとつながるようなことが起きたはずです。お墓を造ることも、そういう意味では自分の心との大きな関わり合いがあるのではないでしょうか。

意味はよくわからないけど古くから続いていることには、何かシンクロニシティ的な意味があるにもかかわらず、それが長い歴史の中で忘れられてしまったのです。

それを取り戻すには、学術的な思考で考えることにも増して、経験してみる、シンクロニシティの連鎖の中に飛び込んでみるという冒険が非常に重要です。そうすれば、必ず新しい智の地平線が開かれるのだと思っています。

二〇一六年十二月　　　　秋山眞人

主要参考文献一覧

秋山眞人『UFOと超能力の謎』日東書院、一九九〇年
秋山眞人『実際に起きた驚異の偶然の一致』二見書房、一九九四年
秋山眞人（監修）『報道できなかった偶然の一致』竹書房文庫、一九九七年
秋山眞人『フェアリーキティの開運辞典』サンマーク出版、一九九八年
秋山眞人『死後世界地図（日本編）』コスモトゥーワン、二〇〇六年
秋山眞人『開運！夢診断』PHP研究所、二〇〇六年
秋山眞人『願望実現のための「シンボル」超活用法』ヒカルランド、二〇一二年
秋山眞人＋布施泰和＋竹内睦泰『正統竹内文書の日本史「超」アンダーグラウンド③』ヒカルランド、二〇一二年
秋山眞人＋布施泰和『神霊界と異星人のスピリチュアルな真相』成甲書房、二〇一三年
秋山眞人＋布施泰和『あなたの自宅をパワースポットにする方法』成甲書房、二〇一四年
秋山眞人＋布施泰和『楽しめば楽しむほどお金は引き寄せられる』コスモ21、二〇一四年
秋山眞人＋布施泰和＋竹内睦泰『正統竹内文書口伝の「秘儀・伝承」をついに大公開！』ヒカルランド、二〇一五年
秋山眞人＋エハン・デラヴィ『メンタルオアシスJAPANが守り続けた太古の叡智』ヒカルランド、二〇一六年
アーサー・I・ミラー、阪本芳久訳『137』草思社、二〇一〇年
F・デーヴィッド・ピート＋J・ブリッグス、高安秀樹・美佐子訳『鏡の伝説』ダイヤモンド社、一九九二年
F・デーヴィッド・ピート、鈴木克成ほか訳『賢者の石』日本経文社、一九九五年
エマニュエル・スウェデンボルグ、今村光一抄訳『スウェデンボルグの霊界からの手記』経済界、一九八六年
内田秀男『四次元世界の謎』大陸書房、一九七六年
大田原治男『UFOと謎の特異日』池田書店、一九八四年
カール・G・ユング、河合隼雄ほか訳『ユング自伝2』みすず書房、一九八一年
カール・G・ユング、松代洋一訳『空飛ぶ円盤』ちくま学芸文庫、一九九三年
カール・G・ユング＋R・ヴィルヘルム、湯浅泰雄ほか訳『黄金の華の秘密』人文書院、二〇一一年
河合隼雄『ユングの生涯』第三文明社、二〇一三年
ジョセフ・マーフィー、しまずこういち編訳『マーフィー博士の易占い』三笠書房、二〇一一年
ジョン・A・キール、白井正夫訳『ジャドウ』光文社、一九五八年
ジョン・A・キール、南山宏訳『不思議現象ファイル』ボーダーランド文庫、一九九七年
ジョン・A・キール、北村十四彦訳『宇宙からの福音』ボーダーランド文庫、一九九七年

ジョン・A・キール、南山宏訳『プロフェシー』ソニーマガジンズ、二〇〇二年
スティーヴン・ストロガッツ、長尾力訳『ＳＹＮＣ（シンク）』ハヤカワ文庫、二〇一四年
ディーン・ラディン、石川幹人訳『量子の宇宙でからみあう心たち』徳間書店、二〇〇七年
出口和明『大地の母⑪天下の秋』みいづ舎、二〇一五年
布施泰和『不思議な世界の歩き方』成甲書房、二〇〇五年
布施泰和『異次元ワールドとの遭遇』成甲書房、二〇一〇年
ブライアン・ワイス、山川紘矢・亜希子訳『魂の伴侶』ＰＨＰ文庫、一九九九年
フランク・ジョセフ、宇佐和通訳『シンクロニシティ』ＫＫベストセラーズ、一九九八年
ミチオ・カク、斉藤隆央訳『パラレルワールド』ＮＨＫ出版、二〇〇六年
湯浅泰雄『ユング超心理学書簡』白亜書房、一九九九年
リサ・ランドール、向山信治監訳『ワープする宇宙』ＮＨＫ出版、二〇一三年
ルパート・シェルドレイク、幾島幸子ほか訳『生命のニューサイエンス』工作舎、一九九六年
ルパート・シェルドレイク、田中靖夫訳『世界を変える七つの実験』工作舎、一九九七年
綿谷雪『ジンクス』三樹書房、一九八〇年

Brooke, John H., "*Science and Religion,*" Cambridge University Press, 2014
Jung, Carl G., "*Man and His Symbols,*" Dell Publishing, 1968
Jung, Carl G., "*Synchronicity,*" Princeton University Press, 2011
Jung, Carl G., & Pauli, Wolfgang, "*Atom and Archetype,*" Princeton University Press, 2014
Keel, John A., "*Jadoo,*" Anomalist Books, 2013
Keel, John A., "*The Eighth Tower,*" Anomalist Books, 2013
MacGregor, Tris & Rob, "*The 7 Secrets of Synchronicity,*" Adams Media, 2010
Murphy, Joseph, "*Secrets of the I Ching,*" Prentice Hall Press, 2000
Murphy, Joseph, "*The Power of Your Subconscious Mind,*" Martino Publishing, 2011
Noll, Richard, "*The Jung Cult,*" Free Press Paperbacks, 1997
Peat, F. David, & Bohn, David, "*Science, Order, and Creativity,*" Bantam Books, 1987
Peat, F. David, "*Synchronicity,*" Bantam Books, 1988
Surprise, Kirby, "*Synchronicity,*" New Page Books, 2012

◉著者について

秋山眞人（あきやま まこと）

1960年、静岡県に生まれる。国際気能法研究所代表。精神世界、超常現象、超能力の分野で研究、執筆をする。世界及び日本の神話・占術・伝承・風水などにも精通している。これらの関連著作は60冊以上。2001年スティーブン・スピルバーグの財団「国際スターライトファウンデーション」で多くの著名人と絵画展に参加、画家としても活躍。映画評論、アニメ原作、教育システムアドバイザーとマルチコンサルタントとしてＩＴから飲食業界まで、さまざまな分野で実績を残している。コンサルタントや実験協力でかかわった企業は、サムスン、ソニー、日産、ホンダなどの大手企業から警察、ＦＢＩに至るまで幅広い。現在、公開企業イマジニア株式会社顧問他、70数社のコンサルタントを行う。

秋山眞人の開運相談室

https://aki.yumeuranai.jp/

◉著者について

布施泰和（ふせ やすかず）

1958年、東京に生まれる。英国ケント大学で英・仏文学を学び、1982年に国際基督教大学教養学部（仏文学専攻）を卒業。同年共同通信社に入り、富山支局在任中の1984年、「日本のピラミッド」の存在をスクープ、巨石ブームの火付け役となる。その後、金融証券部、経済部などを経て1996年に退社して渡米。ハーバード大学ケネディ行政大学院とジョンズ・ホプキンズ大学高等国際問題研究大学院（ＳＡＩＳ）に学び、行政学修士号と国際公共政策学修士号をそれぞれ取得。帰国後は専門の国際政治・経済だけでなく、古代文明や精神世界など多方面の研究・取材活動を続けている。

ブログ「天の王朝」

http://plaza.rakuten.co.jp/yfuse/または

http://tennoocho.blog.fc2.com/

シンクロニシティ
「意味《いみ》ある偶然《ぐうぜん》」のパワー

◉著者
秋山眞人《あきやままこと》
布施泰和《ふせやすかず》

◉発行日
初版第1刷　2017年1月30日

◉発行者
田中亮介

◉発行所
株式会社 成甲書房

郵便番号101-0051
東京都千代田区神田神保町1-42
振替00160-9-85784
電話 03(3295)1687
E-MAIL　mail@seikoshobo.co.jp
URL　http://www.seikoshobo.co.jp

◉印刷・製本
株式会社 シナノ

Printed in Japan, 2017
ISBN978-4-88086-351-1